公安行政调解

（第二版）

余定猛　丁正国　著

中国人民公安大学出版社
·北　京·

图书在版编目（CIP）数据

公安行政调解/余定猛，丁正国著．—2版．—北京：中国人民公安大学出版社，2020.3

ISBN 978-7-5653-3870-0

Ⅰ.①公…　Ⅱ.①余…②丁…　Ⅲ.①公安工作—调解—研究—中国　Ⅳ.①D631.4

中国版本图书馆CIP数据核字（2019）第285040号

公安行政调解

（第二版）

余定猛　丁正国　著

出版发行：中国人民公安大学出版社
地　　址：北京市西城区木樨地南里
邮政编码：100038
经　　销：新华书店
印　　刷：北京市泰锐印刷有限责任公司

版　　次：2020年3月第1版
印　　次：2024年1月第2次
印　　张：6.5
开　　本：880毫米×1230毫米　1/32
字　　数：156千字

书　　号：ISBN 978-7-5653-3870-0
定　　价：30.00元

网　　址：www.cppsup.com.cn　www.porclub.com.cn
电子邮箱：zbs@cppsup.com　zbs@cppsu.edu.cn

营销中心电话：010-83903254
读者服务部电话（门市）：010-83903257
警官读者俱乐部电话（网购、邮购）：010-83903253
公安业务分社电话：010-83905672

前　言

按照调解员的身份和性质，我国的调解制度可以分为人民调解、司法调解和行政调解三种类型。公安行政调解作为行政调解的重要内容，具有广义与狭义之分。狭义的公安行政调解，是指公安机关在行政管理过程中，对违反公安行政法律法规的行为人与被侵害人之间进行的调解。狭义的公安行政调解以“存在违反公安行政管理法律法规的行为”为前提，在调解过程中存在两个法律关系，即公安机关与侵害人之间的行政处罚法律关系、侵害人与被侵害人之间的损害赔偿法律关系。而广义的公安行政调解，是指公安机关作为行政主体，依法对其管辖范围内发生的、符合特定条件的纠纷案件所进行的调解，包括普通民间纠纷、道路交通事故损害赔偿案件、治安案件，以及具有一定调解属性的刑事和解，这与公安机关的调解实践是一致的。

对公安机关而言，调解具有执法与服务的双重属性。《人民警察法》第21条规定：“人民警察遇到公民人身、财产安全受到侵犯或者处于其他危难情形，应当立即救助；对公民提出解决纠纷的要求，应当给予帮助；对公民的报警案件，应当及时查处。”《治安管理处罚法》第9条规定：“对于因民间纠纷引起的打架斗殴或者损毁他人财物等违反治安管理行为，情节较轻的，公安机关可以调解处理。”《道路交通安全法》第74条规定：“对交通事故损害赔偿的争议，当事人可以请求公安机关交通管理部门调解，也可以直接向人民法院提起民事诉讼。”《刑事诉讼法》第289条规定：“双方当事人和解的，公安机关、人民检察院、人民法院应当听取当事人和其他有关人员的意见，对和解的自愿性、合法性进行审查，并主持制作和解协议书。”

本书作为2012年公安部公安理论及软科学研究计划项目“公安行政调解研究”（编号：2012LLYJSHSJ093）的主要成果，自2014年5月首次出版以来，一直作为上海公安学院“公安行政调解”课程的参考教材，得到了广大学生和教师的一致认可。然而，近年来，我国法制建设进程明显加快，相关法律法规已经发生深刻变化，尤其是与公安行政调解相关的《刑事诉讼法》《公安机关办理行政案件程序规定》等法律法规的修订，以及原书中所引用的部分法律法规的废止，导致原书已不宜用作相关课程教材，需要进行必要的修改与完善。

本书坚持理论与实践相结合，忠于实践又不拘泥于实践，在全面阐述调解基本理论的基础上，简要介绍了我国以人民调解、司法调解、行政调解为主要内容的大调解体系，重点、系统阐述了公安机关调解民间纠纷、调解治安案件，以及审查、主持刑事和解的法律依据、适用范围、程序规范与法律效力等相关内容。尽管是一家之言，但作为总结公安行政调解理论，探索公安行政调解实践，促进公安行政调解规范化、专业化，不失为一种有益的探索。同时，不能避讳的是，尽管数易其稿，字斟句酌，由于时间因素和作者水平所限，错漏之处亦在所难免，恳请读者批评指正。

作者

2020年1月1日

目　录

第一章　调解制度概述

【教学重点与难点】

教学重点：调解的功能、作用，及其特点与优势；我国调解制度与大调解体系运行情况。

教学难点：人民调解、司法调解、行政调解的概念、原则、特点，及其区别与联系；大调解体系与公调对接制度。

【学习路线图】

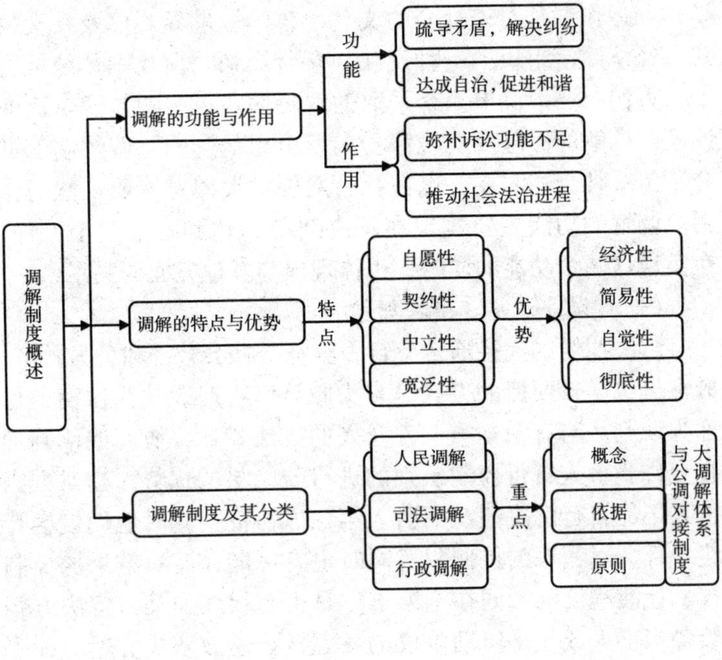

第一节　调解的社会功能与作用

调解既是法治社会中出现的一种新型纠纷解决方式，也是流传至今的一种传统纠纷解决方式。《辞海》把调解定义为“通过说服教育和劝导协商，在查明事实、分清是非和双方自愿的基础上达成协议，解决纠纷”。在我国，调解是处理民事案件、部分行政案件和轻微刑事案件的一种重要方法。在实践中，调解是指中立第三人根据当事人的需求和利益在两方或多方当事人之间促进沟通交流的过程。

一、调解的社会功能

每个社会都有为解决争端而建立的各项制度，其性质、结构和运作都是对该社会的文化、哲学、世界观以及社会模式和经济政治组织的一种反映。众所周知，在我国传统社会中，人们对一般民事纠纷采取的解决途径更多的是调解而非诉讼，调解的原理及实践深受儒家思想的影响，调解制度迎合了传统社会的需要，也在社会发展中发挥着重要功能与作用。调解的功能主要体现在解决纠纷和达到自治两个方面。在实现这两个功能的同时，也体现出与其他方面的关系。

（一）疏导矛盾，解决纠纷

解决纠纷的途径通常有自力救济、社会救济和公力救济。最常见也是较便捷的方式是自力救济，有时表述为协商，也称为谈判。与有中立第三方介入的方法相比，协商或谈判拥有允许当事人自行控制谈判的进行与结果的优势。当双方当事人不能自行解决纠纷而引入第三方协助，此时他们就会让渡一部分对程序的控制权，同时也有可能让渡对结果的控制权。让渡程度的不同在于第三方是否有权强加某一解决方案给各当事人或仅是协助争议的各方自行达成解决方案，即当事人是否完全让渡对结果的控制权，其中第三方享有对结果的控制权即为公力救济（诉讼）和社会救济之仲裁（准司法性解决机制），可以统称为裁判；而仅是协助争议的各方自行达成解决方案通常就是社会救济之调解。此外，协商、调解和裁判的一些因素常以多种形式组合成为各种各样的“混合的”纠纷解决方法。调解在分担纠纷解决时有其独特之处：

1. 调解对诉讼及诉讼文化的影响。注重以调解解决纠纷使“为权利而斗争”“诉讼率提高即权利意识提高”这样的提法受到质疑，调解在弥补法院程序时显示出强大的优势。在现代法治社会，相当多的纠纷并不能简单地归结为权利和义务关系，而更多的是利益之间的平衡问题。尤其是法院调解，导致了传统诉讼文化的某种转变，使诉讼的对抗性大大缓和，更多地向和解性转化，平和地解决纠纷的价值更加受到推崇。调解在解决纠纷方面的综合功能受到重视，调解被期待着在审判较难有效发挥作用的领域，担负起对审判的补充和替代功能。调解在不断被创新的过程中以其优势在纠纷解决机制中被越来越多的人认同和选用。

2. 调解制度的运用体现了经济性原则。一方面，调解制度的充分利用有利于实现社会解决纠纷总资源的合理配置。“对一个社会来说，足够的司法服务是维护整个社会稳定的重要保证。”① 司法资源如果作广义理解，则包括仲裁、调解和诉讼在内的纠纷解决机制；如果作狭义理解，则仅指诉讼资源，而在我国，这其中包含了法院调解。众所周知，资源是有限的、稀缺的，诉讼资源也不可避免地具有稀缺性，社会转型带来了诉讼爆炸，法院在应对机制上只是兵来将挡、水来土掩。另一方面，调解制度能有效克服诉讼对抗所造成

① 夏勇：《走向权利的时代》，中国政法大学出版社1995年版，第311页。

的资源浪费，有利于降低法律程序的经济成本。美国著名法学家迈克尔·D. 贝勒斯认为，程序法的首要原则是经济成本原则，即“我们应当使法律程序的经济成本最小化”①。而对于整个社会而言，当事人出于自身经济条件的考虑，在调解成本低于诉讼成本时会选择调解，即调解和任何合同一样，可以达成双方当事人都愿意接受的协议，并认为该协议会增加他们的收益，那么此时调解就是实现整个社会成本最小化的有效方式。

3. 调解解决纠纷的宗旨是追求利益平衡。在纠纷解决过程中，调解和“调解人”假定所有当事人都能够从一个协定性的、创造性的解决方案中受益，并且这种情形是独特的，因此就不会受制于任何一般性的原则，除非是在当事人所能够接受的程度上②。调解同时还具有维护双方关系和长远利益等诸多价值。调解协议应当是一个共赢的协议，正所谓“在涉及自由、平等和安全时，个人对于实现它们的要求乃是深深地根植于人格的倾向和需要之中的，与此同时，对上述三个价值的效力范围进行某些限制也是与公共利益相符合的。在这些情形下，正义提出了这样一个要求，即赋予人的自由、平等和安全应当在最大程度上与共同福利相一致”③。显而易见，共同福利不能被等同于个人欲望和个人要求的总和，也不能等同于政府的政策决定，它应当是在众多个体和群体利益当中的一个平衡点。

4. 调解制度与法律的良性互动。之所以会产生良性互

---

① ［美］迈克尔·D. 贝勒斯：《法律的原则——一个规范的分析》，中国大百科全书出版社 1996 年版，第 376 页。

② ［美］史蒂文·苏本、玛格瑞特·伍：《美国民事诉讼的真谛》，蔡彦敏、徐卉译，法律出版社 2002 年版，第 224 页。

③ ［美］E·博登海默：《法理学：法律哲学与法律方法》，邓正来译，中国政法大学出版社 2004 年版，第 324-325 页。

动，主要基于以下两方面原因：第一，我国法律的传统是引礼入法、礼法结合，即法律的道德化与道德的法律化；第二，调解解决的正当性并非来源于解决方案严格基于法律而形成的，而是来源于双方当事人对解决方案的认同，经由调解形成，发展法制的机制应运而生。在这种良性互动过程中，调解在解决纠纷的过程中和国家法律体系进行交流。一方面，国家法律对调解具有主导作用。现有的法律规定成为调解人进行调解、设计协议方案的主要依据，也是双方当事人最终达成合意的杠杆。另一方面，调解对国家法律的完善与调整。从程序法角度而言，调解作为解决纠纷的重要方式，无论是诉讼中的法院调解还是诉讼外的调解，它的形式和发展无不影响民事诉讼程序法的变化，尤其是调解程序的原则，通过与当事人主义的程序法之间的关联，如法院调解就被纳入民事诉讼程序而予以制度化，并随着实际需要而调整。从实体法角度而言，当类型化的成功的调解个案的累积并成为具有普遍意义的范例得到承认后，则会影响到实体法的起草和解释。

（二）达成自治，促进和谐

何为自治？自治是当代社会主体在处理民事权益（私权）中普遍实行的基本原则，每一个社会成员根据自己的理性判断，管理自己的事务，自主选择、自主参与、自主行为、自主负责。

1. 调解是司法自治原则的最大体现。当代法治社会中的调解，实质上是包含着利己动机和共同动机两方面的“契约型调解”。“调解并不意味着在降低成本的前提下尽量实现审判式的纠纷解决，而应该只是从侧面促使当事人自主解决纠纷的制度。在社会生活的所有场合中，在人们时刻进行的无数个自主的处理、解决过程中，调解的功能应该只是对那些一时陷入困难的自主解决给予援助，并在当事人恢复平等对话的可能性之后使其重新回到社会中去。”①

2. 调解是程序自治的体现。调解程序不像诉讼程序那样正规，诉讼是以正当程序来追求公正的结果，诉讼的正当性建立在程序正义之上。调解程序比诉讼程序灵活、简便，调解者可以采用简便的、灵活多样的方式进行调解，在调解中可以根据案件的具体情况自由地选择和组织程序。但调解在某种程度上说，更能把握当事人的程序参与权，增强当事人的程序主体意识。因为当事人的合意达成是调解成功的基础，当事人清楚“只要不服就可以不从”这条退路，所以调解的程序在设计上就有了更大的自由，对解决方案正确性的要求也可以相对降低，调解将进一步促进当事人在纠纷解决程序中的参与程度，并强调纠纷解决过程中的诚实信用原则，程序保障理念得到升华。

3. 调解是人们进行自治、实现民主的有效途径。调解实现社会自治的功能还体现在调解对纠纷的解决范围与诉讼的区别上。诉讼总是基于权利和义务，面对过去，解决以前的纠纷。而调解不仅能解决双方当事人表面上的矛盾，更能发现深层次的矛盾所在，即调解的开放性可以使调解人找出潜藏在表面争议后的深层次矛盾，从整体上、根本上解决纠纷。因调解而达成的合意，是当事人行使处分权的结果，明显地带有“向前看”的特性，具有规划未来的性质，所以，比表面的纠纷解决更重视恢复人际关系的和谐，比清算过去的权利义务关系更重要的是形成新的权利义务关系。调解的核心特征是能使双方当事人彼此调整其取向，不是通过法律法规迫使他们这样做，而是帮助他们对彼此的关系产生新的、共同的认识，促使他们改变彼此间的态度与取向。当双方当事

① ［日］棚濑孝雄：《纠纷的解决与审判制度》，王亚新译，中国政法大学出版社2004年版，第51页。

人对于以后的关系达成新的合意，无疑也达到了自治的效果。这种自治的功能不仅在传统的家庭婚姻、邻里关系的纠纷中富有成效，在更为复杂困难的关系（如环境权纠纷）处理中也显示出其非凡的价值。

二、调解的社会作用

有人说社会是以法律为基础的，那是法学家们的幻想。相反地，法律应该以社会为基础。调解制度也不例外，现代调解制度最重要的社会基础是市场经济，反映了市场经济在发展过程中的利益博弈。尤其是在市场经济强调自由意志的法权要求中，当事人合意解决纠纷的权利备受推崇。同时，现代市场经济是强调效率的经济，市场主体都是理性的经济人，作为以效率为价值取向的纠纷解决机制，调解也颇受瞩目。

（一）与诉讼制度的互补

法律并非在所有的纠纷解决中都不可或缺，而判决也并不是解决纠纷的最佳选择。在现代社会，调解制度有着与审判制度不完全相同的价值取向，但二者在实践中却可以很好地互补。调解的便捷、灵活、低成本等特点有利于缓解“诉讼爆炸”危机，避免了诉讼程序冗长、诉讼费用高昂等缺点，同时，调解的柔性化解不同于判决的“非黑即白”的冰冷生硬，更容易让人接受，从而维系当事人之间的关系。而诉讼是纠纷解决的最后防线，法官、律师的专业知识和程序的公正保证是调解所欠缺的，二者在功能上形成互补关系。

（二）对法治进程的推动

我国正处在法治现代化的历史进程中，调解与法治现代化其实是并行不悖的。法治现代化并不是以诉讼作为单一路线的实现途径，其路径选择应该以其是否符合本国的社会实践和公民权利的实现作为判断标准。调解是当事人自由意志的体现。在现实中，每个人利益最大化的最佳判断者是自己，其自由意志的选择对其自身而言是公正的。调解的正当性是来源于当事人所能接受的公平与正义，这种正义实现所依据的规范可能是法律的、道德的、宗教的，或者是约定俗成的，又或是经验的。与调解相对应，判决可以是一种“自上而下”的正义实现。而这两种正义实现路径之间形成了一种互动，这种互动使得自上而下的正义和自下而上的正义互补、完善和发展，从而达到良性配置。一方面，自上而下的法律、判决等为调解提供了正确的导向；另一方面，调解促进社会共同体的凝聚，激发自律功能，有助于形成新的共同体规范和新的道德规范，进而可能影响法律规定。因此，调解制度的发展是实现法治现代化的重要推动力和有效途径之一。

第二节　调解的特点与优势

一、调解的特点

根据前面关于调解概念的论述，我们可以发现，相比于“私了”和诉讼，调解作为解决矛盾纠纷的“柔性之治”，具有以下特点：

（一）纠纷当事人的自愿性

以自愿为前提是调解的最基本特征，同时也是调解结果公平、公正的最基本保障。调解程序的启动、调解员的选定、调解程序的进行甚至调解结果的履行等都取决于当事人的自愿。调解员在调解过程中可以居中引导、说服教育，乃至提出具体解决方案，促成双方当事人相互谅解、达成合意，但不得通过国家权力或强制措施强行解决纠纷。如果在调解过程中，当事人认为自己的权益无法实现，可以在调解达成合意之前任一阶段单方面退出调解程序。

（二）调解协议书的契约性

契约性是调解自愿性的延伸。调解协议是否具有强制执行力，取决于具体调解的机构及各国立法的实践。一般来说，经民间机构调解所达成的调解协议，具有民事合同的效力，并不具有强制执行力。由司法机关或者准司法机关主持下所达成的协议，或者经过法院确认的调解协议，具有同判决相同的效力，具有强制执行力。

（三）参与第三方的中立性

调解是在中立第三方协助下进行的纠纷解决活动。与协商谈判相比较，调解最大的特点在于第三方的协助。中立第三方在调解过程中主要承担沟通调解平台的构建者、有效沟通的促进者等角色，而不是审判者或裁判者。参与第三方保持中立是调解的客观性和公正性的重要保证。

（四）适用范围上的宽泛性

作为一种程序便捷、灵活的纠纷解决方式，调解并不要求严格遵循程序（法）规范和实体（法）规范，具有较高的自治性和灵活性。调解除可依据法律法规外，还可以各种社会规范、公序良俗、行业标准等作为解决纠纷的依据和标准。在调解中，调解人并不总是试图运用现有的法律规范来解决双方的纠纷，而是根据纠纷双方提出的观点与要求选择一种妥协与和解的方法。

二、调解的优势

调解解决矛盾纠纷的优势主要是相对于诉讼而言的，其优势主要表现为“三省一维护”。

（一）省钱：经济成本相对较低

与诉讼的高额费用、激烈的法庭对抗相比，调解费用极少。一般而言，涉及公益性纠纷或者一般民间纠纷的调解不需要交纳费用。人民调解和行政调解是完全免费的，即便是司法调解，调解费用也是按照诉讼费用的适当比例收取，大大减少了不必要的律师费。这不仅为当事人节约了大笔费用，也减少了国家司法成本的支出。

（二）省时：调解程序简易、高效

尽管司法调解和行政调解具有一定的程序要求，但这种程序要求更多的是对公权力的制约与规范，而不是对当事人的约束。在实质性的调解阶段，对当事人而言，并没有严格的需要遵守的程序，而是以当事人合意为目的，调解员和当事人可以采用简便、灵活多样的方式进行调解，只要不违反法律强制性规定，不损害社会公共利益，随时可以达成协议以解决纠纷。

（三）省力：履行协议比较自觉

一方面，人民调解组织几乎无处不在，村委会、居委会以及一些企事业单位都成立了“人民调解委员会”，纠纷当事人可以就近选择调解组织进行调解；另一方面，与民事诉讼程序“不告不理”原则不同的是，部分调解组织和调解人员可以采用主动介入的方式对纠纷进行调解，这使调解手段更加灵活、便捷，省去当事人来回奔波的劳苦。此外，无论是人民调解、司法调解，还是行政调解，在调解过程中，当事人可充分发挥自己的观点，表达自己的诉求，所达成的调解协议是双方或多方当事人积极沟通、友好协商的双赢方案，而不是第三方强加于某一方的结果。因此，调解协议或和解方案更容易被当事人接受并履行，免去了当事人陷入法院判决“执行难”的困境。

（四）维护：当事人之间和谐的社会关系

在调解过程中，调解人员通过晓之以理、动之以情，并通过对相关法律法规的引用，既增强了当事人的法制意识，又进行了道德教育，当事人在互谅互让的基础上达成协议。因此，调解不但可以减少纠纷解决的成本，节约司法资源，同时对社区建设和道德传承有着重要的意义。

第三节　调解的分类与整合

由于历史传统与调解实践的差异，世界各国的调解形式多种多样，并且仍在不断发展。日本学者棚瀬孝雄以功能为标准，将调解分为判断性调解、交涉型调解、教化型调解和治疗型调解。棚瀬孝雄认为，判断型调解是以发现在法律上正确的解决方案为第一目标的调解，大部分可替代性纠纷解决机制（Alternative Dispute Resolution，ADR）属于此类；交涉型调解是指双方当事人在估量可能的解决结果以及解决成本的基础上寻求对自己最有利的解决方案；教化型调解是指以发现调解自身特有的正义或所谓另一种正确的解决方案作为主要任务，谋求纠纷圆满解决的调解类型，我国传统的调解多属于此类；治疗型调解是指以恢复人际关系为主要宗旨的调解。根据调解的效力可以将调解分为具有强制执行力的调解和无强制执行力的调解。根据在诉讼中调解是否为法定前置程序可分为强制前置类调解（又称强制调解）、可选择性调解（任意调解）。我国调解最基本的分类是按照调解人员的身份和性质分类，可分为三种类型，即人民调解、司法调解（亦称法院调解、诉讼调解）和行政调解。

一、人民调解

人民调解制度是我国调解体系中的一个部分，它是在对我国传统的民间调解进行改造和扬弃的基础上形成和发展起来的。人民调解制度的设置，体现了国家法制与社会自治的互补与共存关系。社会成员之间的矛盾冲突应当充分发挥社会的自我调节与自我治理功能加以解决，行政手段与司法裁决是对社会公平与正义的终极性保障。

我国的人民调解制度萌芽于第一次国内革命战争时期，

最早是在广东海丰农民运动中产生的。在抗日战争时期，人民调解工作进入了一个新的发展阶段。中华人民共和国的人民调解制度是以革命根据地的调解制度为基础建立起来的。党的十一届三中全会以来，人民调解委员会和人民调解工作得到迅速的恢复和发展。1982 年 3 月 8 日，第五届全国人民代表大会常务委员会通过《中华人民共和国民事诉讼法（试行）》，明确地将人民调解制度写进了法律条文。1982 年 12 月 4 日，第五届全国人民代表大会第五次会议通过的《中华人民共和国宪法》第 111 条规定了人民调解制度。1989 年 5 月 5 日，国务院常务会议审议通过了《人民调解委员会组织条例》。2002 年 9 月 11 日，司法部颁布了《人民调解工作若干规定》。2010 年 8 月 28 日，第十一届全国人民代表大会常委会第十六次会议审议通过了《中华人民共和国人民调解法》，自 2011 年 1 月 1 日起施行。2011 年 3 月 21 日由最高人民法院审判委员会第 1515 次会议通过了《最高人民法院关于人民调解协议司法确认程序的若干规定》自 2011 年 3 月 30 日起施行，标志着我国多元纠纷解决机制改革进入了新阶段。

人民调解是指在人民调解委员会主持下，以国家的法律、法规、规章、政策和社会公德为依据，对民间纠纷当事人进行说服教育、规劝疏导，促使纠纷各方当事人互谅互让、平等协商、自愿达成协议，解决民间纠纷的一种群众自治活动。人民调解作为我国矛盾纠纷预防化解体系的重要组成部分，已经成为维护社会稳定的“第一道防线”，是一项具有中国特色的化解矛盾、消除纷争的非诉讼纠纷解决方式，被国际社会誉为化解社会矛盾的“东方经验”。

（一）人民调解的法律依据

《中华人民共和国人民调解法》（以下简称《人民调解法》）的颁布实施，是人民调解发展史上的一件大事，它对于及时、高效、妥善解决民事纠纷和促进社会主义和谐社会的建设，将发挥更加重要的作用。这部具有中国特色的法律充分体现了社会主义法治理念的精髓，展示了司法为民、服务大局的法律文化，标志着人民调解工作从此全面步入法制化、规范化的发展轨道。

（二）人民调解的原则

《人民调解法》第3条规定："人民调解委员会调解民间纠纷，应当遵循下列原则：（一）在当事人自愿、平等的基础上进行调解；（二）不违背法律、法规和国家政策；（三）尊重当事人的权利，不得因调解而阻止当事人依法通过仲裁、行政、司法等途径维护自己的权利。"依据该规定，人民调解的原则为自愿原则、合法原则、尊重当事人诉权原则。但是笔者认为，除此之外还应包括保密原则。

1. 自愿原则。自愿原则作为民事法律中的基本原则，是意思自治的体现。人民调解应坚持自愿性，这是由调解的本质所决定的。首先，在调解的启动上，主要是当事人主动申请调解，这是调解自愿性的生动表现，即使人民调解员可以主动发现纠纷，进行调解，但是否接受调解仍取决于当事人。其次，在调解的过程中，当事人的意志决定着调解的进程，可以接受调解，也可以拒绝调解。如果当事人不愿意接受调解，或者不愿意接受某个组织和个人的调解，均不能强行调解，调解员要对当事人进行细致耐心地劝解、说服、开导，不能歧视、强迫、偏袒和压制当事人。最后，在调解结果上，当事人可以同意签订调解协议，也可以拒绝签订调解协议。正是由于人民调解建立在当事人自愿的基础上，才能彻底消除误会、解决纠纷，缓解当事人之间的紧张关系，促进社会的安定团结。在实际工作中，矛盾发现得越早就越容易解决，因此人民调解组织应提前预防、主动介入，在征求当事人意见的基础上，如果当事人未明确表示拒绝，就可以启动调解程序，争取及早化解纠纷，确保将纠纷化解在萌芽之初、激化之前。

2. 合法原则。人民调解作为现代法治的产物，同样要遵守合法原则。坚持依法调解，是我国法治原则的基本要求，是新形势下解决纠纷的客观需要，是树立人民调解权威、提高调解公信力的重要保证。长久以来，人民调解员主要依据的还是国家政策和村规民约、伦理道德、社会公德，以及个人威望、魅力、关系。特别是在广大的农村地区，人民调解员缺乏法治意识，仅靠村规民约、社会习惯、伦理道德进行调解，甚至会做出与法治精神不相适应的决定。这主要是由于经济社会落后使得国家法律规范和理念无法及时传播到民间社会。随着经济社会发展和法治建设的推进，人们的法治观念不断增强，遇纠纷找律师或“懂法的人”咨询成为人们的首选。一方面，在当今的“陌生人社会”中，利益成为纠纷当事人争议的核心，以往维系社会秩序和被一定范围人群认可的村规民约、伦理道德被法律所取代，社会成员之间的共同纽带断裂，仅靠“情理”难以调和；另一方面，一些社会习惯、伦理道德等本身不具有确定性，不同的地域、不同的人员可能有不同的判断，这与急剧变化发展的时代是不相适应的，法律的确定性、普遍性正好可以弥补这一缺点。因此，人民调解必须实现由“威信型调解向依法调解”转变，将法律规范引入人民调解，确保调解的过程和结果符合法律、政策的要求，这样人民调解工作才具有公信力、正当性。人民调解也应该坚持在法律的基本框架内，最大限度地追求合情合理的解决。在缺乏法律、规范调整的情况下，只要当事人形成双方都能接受的合意，都是允许的。如果过分强调依法调解可能会使调解“夭折”、合意“流产”；而强调合理，又恐失之随意，缺乏正当性。因此，调解的合法性应以不违背强制性、禁止性规范即可，应该允许在规范使用中留有较大的裁量权余地。

3. 尊重当事人诉权原则。这主要是指当事人有将自己的纠纷诉诸行政调解、仲裁、诉讼的权利。无论是行政调解、仲裁还是诉讼，其效力都比人民调解要强，特别是作为“最后一道防线”的诉讼具有最终的裁决效力。尊重当事人诉权是由人民调解的民间性、自治性决定的，也是调解本身的说教性、劝说性特点的反映。任何人不能剥夺当事人的诉权，除法律规定外，任何纠纷的起诉都不受限制。在有些国家，法律将民间调解规定为法院诉讼的必经程序，如挪威；有些国家将部分类型的案件规定为调解前置，如日本的家事案件。我国也有学者建议将人民调解设为法院诉讼的前置程序。虽然实行起来有很多的困难，但是笔者认为，应该构建多元化纠纷解决机制，做到有效对接，如果一种纠纷解决手段做出的结果轻易被否决，那么这种纠纷解决方式就会名存实亡。因此，在贯彻尊重当事人诉权原则的同时，应该坚持人民调解优先的原则，从而巩固好“社会的第一道防线”。例如，人民调解协议可以申请人民法院强制执行，这在《人民调解法》中就有所体现。

4. 保密原则。所谓保密原则，就是要求人民调解员在调解过程中要尊重、保护当事人的个人隐私、商业秘密等，对于盲、聋、哑、未成年人，以及智力残障人士要进行特殊保护。对于涉及个人隐私、商业秘密的案件，要根据当事人意愿，选择非公开调解方式，防止泄密。人民调解员要做到在调解之余，不与无关人员谈论案情或评论当事人，对调解过程中形成的卷宗要妥善保管，不得借予无关人员查阅、复印等。

（三）人民调解的特点

1. 解决纠纷的及时性、便捷性。《人民调解法》第 7 条规定，人民调解委员会是依法设立的调解民间纠纷的群众性组织；第 8 条规定，村民委员会、居民委员会设立人民调解委员会，企业事业单位根据需要设立人民调解委员会；第34条规定，乡镇、街道以及社会团体或者其他组织根据需要可以参照本法有关规定设立人民调解委员会，调解民间纠纷。只要当事人愿意，“足不出户”即可寻求到人民调解组织的帮助。

2. 解决纠纷经济性。《人民调解法》第4条规定，人民调解委员会调解民间纠纷，不收取任何费用。与民事诉讼高昂的费用相比，人民调解显得非常经济，有助于鼓励当事人首选人民调解方式解决纠纷。

3. 解决纠纷的彻底性。《人民调解法》第22条规定，人民调解员根据纠纷的不同情况，可以采取多种方式调解民间纠纷，充分听取当事人的陈述，讲解有关法律法规和国家政策，耐心疏导，在当事人平等协商、互谅互让的基础上提出纠纷解决方案，帮助当事人自愿达成调解协议。通过人民调解方式解决纠纷，可以避免法院判决执行难、人际关系难以恢复等问题，实现案结事了。

4. 当事人的主导性。《人民调解法》第23条规定，当事人在人民调解活动中享有下列权利：（1）选择或者接受人民调解员；（2）接受调解、拒绝调解或者要求终止调解；（3）要求调解公开进行或者不公开进行；（4）自主表达意愿，自愿达成调解协议。在调解过程中要鼓励当事人充分表达诉求，阐明观点立场，是尊重当事人主导地位的重要表现，也是彻底解决矛盾纠纷的基础。

（四）人民调解的效力

关于人民调解协议的效力问题，《最高人民法院关于审理涉及人民调解协议的民事案件的若干规定》第1条规定：“经人民调解委员会调解达成的、有民事权利义务内容，并由双方当事人签字或者盖章的调解协议，具有民事合同性质。当事人应当按照约定履行自己的义务，不得擅自变更或者解除调解协议。”第 10 条规定：“具有债权内容的调解协议，公证机关依法赋予强制执行效力的，债权人可以向被执行人住所地或者被执行人的财产所在地人民法院申请执行。”

根据《人民调解法》第 33 条规定，经人民调解委员会调解达成调解协议后，双方当事人认为有必要的，可以自调解协议生效之日起三十日内共同向人民法院申请司法确认，人民法院应当及时对调解协议进行审查，依法确认调解协议的效力。人民法院依法确认调解协议有效，一方当事人拒绝履行或者未全部履行的，对方当事人可以向人民法院申请强制执行。人民法院依法确认调解协议无效的，当事人可以通过人民调解的方式变更原调解协议或者达成新的调解协议，也可以向人民法院提起诉讼。

（五）人民调解制度的运行现状

人民调解是在继承和发扬我国民间调解优良传统的基础上发展起来的一项具有中国特色的法律制度，具有方法灵活、程序便捷、不伤感情、不收费用等特点，在我国矛盾纠纷多元化解机制中发挥了基础性作用。近年来，各级司法行政机关和广大人民调解组织、人民调解员认真贯彻落实中央决策部署，深入贯彻实施人民调解法，坚持“调防结合、以防为主”，大力加强矛盾纠纷排查化解工作，取得明显成效。

1. 人民调解组织网络进一步健全。各地通过大力加强村（社区）和乡镇（街道）人民调解委员会建设，积极推进医疗、道路交通、劳动争议、物业、消费、旅游、金融、知识产权、电子商务、环境污染等领域的行业性、专业性人民调解组织建设，推动在基层人民法院、公安派出所、交警、信访等部门设立人民调解工作室。截至 2018 年年底，全国共有人民调解委员会 75.1 万个，各类商会人民调解组织 1100 余个，人民调解员 349.7 万名，行业性、专业性人民调解组织 4.3 万个，派驻有关部门调解室 1.6 万个，全年共排查矛盾纠纷 422.8 万次，调解矛盾纠纷 953.2 万件，调解成功率达 97.9%①。

2. 人民调解队伍专业化水平进一步提升。通过注重吸收退休政法干警、律师、医生、教师等专业人士参与人民调解工作，大力发展专职人民调解员队伍，建立医学、法学、心理学等专家咨询库，提高了队伍的专业化、职业化水平，初步形成了一支专兼结合、优势互补的人民调解员队伍。司法部积极开展律师调解工作试点，2018 年在全国设立律师调解工作室 2300 余个，促进了矛盾纠纷化解的及时性、专业性水平的提高；推进村（居）法律顾问全覆盖工作，为全国 65 万个村（居）配备法律顾问，覆盖率已达到 99.9%；组织律师为民营企业开展法治体检，各地律师直接联系和服务民营企业超过 5.6 万家，调处各类矛盾纠纷 4.4 万余起，提出法律风险防控建议 7.8 万余条，有力支持和促进了民营企业发展。

3. 推进个人调解工作室建设。为坚持发展“枫桥经验”，深入贯彻落实《关于加强人民调解员队伍建设的意见》，充分发挥人民调解维护社会和谐稳定“第一道防线”作用，完善人民调解组织网络，创新人民调解组织形式，及时就地化解矛盾纠纷，努力实现矛盾不上交。2018 年 4 月，司法部印发《关于推进个人调解工作室建设的指导意见》。同年，全国共建立个人调解工作室 6780 个。个人调解工作室是以人民调解员姓名或特有名称命名设立的调解组织。近年来，各地充分发挥调解能手的引领示范作用，推动建立以个人命名的人民调解工作室，有效化解了大量矛盾纠纷。实践证明，个人调解工作室是传统调解组织形式的创新发展，是基层调解

---

① http://www.moj.gov.cn/Department/content/2019-04/04/599_232040.html,司法部 2018 年法治政府建设年度报告，发布时间 2019-04-04。

组织触角的有效延伸，对于增强人民调解员的积极性、主动性，扩大人民调解工作的权威性、影响力，提升人民调解工作质量水平具有重要意义。当前，中国特色社会主义进入新时代，随着我国社会主要矛盾的变化，矛盾纠纷呈现出一些新情况和新特点，人民群众对调解工作也提出了新的更高的要求。各级司法行政机关要切实提高政治站位，充分认识推进个人调解工作室建设的重要意义，采取有效措施，努力打造一批“做得好、信得过、叫得响”的调解工作品牌，不断推动新时代人民调解工作创新发展，实现矛盾就地化解，不上交、不激化，保障人民群众合法权益，促进社会公平正义，维护国家安全和社会和谐稳定。

二、司法调解

司法调解，也称诉讼调解、法院调解，是我国民事诉讼法规定的一项重要的诉讼制度，也是我国各级人民法院依法行使审判权的重要方式。司法调解是双方当事人在人民法院法官的主持下，通过处分自己的权益来解决纠纷的一种重要方式。它以当事人之间私权冲突为基础，以当事人一方的诉讼请求为依据，以司法审判权的介入和审查为特征，以当事人之间处分自己的权益为内容，实际上是在公权力主导下对私权利的一种处分和让与。司法调解通过把讲理与讲法结合起来，让当事人能够接受调解结果，自动履行程度高，对于化解社会矛盾、解决纠纷、促进和谐社会构建具有其他方式所无法替代的作用。

民事诉讼调解在我国的发展历程可谓是“一波三折”。从最初纳入司法程序的“马锡五式”纠纷现场调解，实行以“调解为主、审判为辅”的纠纷解决方式，到1982年《民事诉讼法（试行）》中将调解在诉讼中的比重定位为“着重调解”，再到1991年《民事诉讼法》将其修订为“调判并重”，民事诉讼调解在民事诉讼立法中经历了一个由强渐弱的过程。2000年，面对案件积压、执行难、上访潮的困扰，在经过对盲目照搬、移植西方法律制度的冷静反思之后，有识之士开始重新审视作为一种传统的纠纷解决方式且曾经发挥了巨大作用的民事诉讼调解的功能与价值。最高人民法院、司法部就加强人民调解和民事诉讼调解工作作出部署，出台了相关的司法解释。2002年9月《最高人民法院关于审理涉及人民调解协议民事案件的若干规定》和司法部《人民调解工作若干规定》对非诉讼调解与诉讼接轨作出了有益的探索。2003年2月1日实施的《最高人民法院关于审理证券市场因虚假陈述引发的民事赔偿案件的若干规定》第4条强调，人民法院审理虚假陈述证券民事赔偿案件，应当着重调解，鼓励当事人和解。2003年12月1日实行的《最高人民法院关于适用简易程序审理民事案件的若干规定》第14条规定了人民法院在开庭审理时应当先行调解的六类案件，分别是婚姻家庭纠纷和继承纠纷，劳务合同纠纷，交通事故和工伤事故引起的权利义务关系较为明确的损害赔偿纠纷，宅基地和相邻关系纠纷，合伙协议纠纷以及诉讼标的额较小的纠纷。2004年11月1日实施的《最高人民法院关于人民法院民事调解工作若干问题的规定》，肯定了民事诉讼调解在解决纠纷、保障和方便当事人行使诉权、节约司法资源等方面的作用，加大了民事诉讼调解的适用力度。这些法律法规的陆续出台，表明我国司法最高决策层开始重新认识民事诉讼调解的价值。2007年3月7日最高人民法院印发《关于进一步发挥诉讼调解在构建社会主义和谐社会中积极作用的若干意见》，从四个方面提出了为促进社会主义和谐社会建设，发挥人民法院定纷止争的作用，全面加强诉讼调解的26条意见。各地人民法院结合实际制定了具体的实施办法，实务界对待调解的态度在短短十年间发生了戏剧性的转变。

（一）司法调解的法律依据：民事诉讼法

《中华人民共和国民事诉讼法》（2017修正），对民事诉讼调解的原则、组织形式、法律效力等作出了具体规定。包括：

第9条规定，人民法院审理民事案件，应当根据自愿和合法的原则进行调解；调解不成的，应当及时判决。

第93条规定，人民法院审理民事案件，根据当事人自愿的原则，在事实清楚的基础上，分清是非，进行调解。

第94条规定，人民法院进行调解，可以由审判员一人主持，也可以由合议庭主持，并尽可能就地进行。

第95条规定，人民法院进行调解，可以邀请有关单位和个人协助。

第96条规定，调解达成协议，必须双方自愿，不得强迫。调解协议的内容不得违反法律规定。

第97条规定，调解达成协议，人民法院应当制作调解书。调解书应当写明诉讼请求、案件的事实和调解结果。调解书由审判人员、书记员署名，加盖人民法院印章，送达双方当事人。调解书经双方当事人签收后，即具有法律效力。

第98条规定，下列案件调解达成协议，人民法院可以不制作调解书：（1）调解和好的离婚案件；（2）调解维持收养关系的案件；（3）能够即时履行的案件；（4）其他不需要制作调解书的案件。对不需要制作调解书的协议，应当记入笔录，由双方当事人、审判人员、书记员签名或者盖章后，即具有法律效力。

第99条规定，调解未达成协议或者调解书送达前一方反悔的，人民法院应当及时判决。

（二）司法调解的原则

《民事诉讼法》第93条规定："人民法院审理民事案件，根据当事人自愿的原则，在事实清楚的基础上，分清是非，进行调解。”法院调解的基本原则包括自愿原则、合法原则和查明事实、分清是非原则。

1. 自愿原则。法院调解具有充分的意思自治性，体现了对当事人意志的尊重，那么自愿原则必然是反映法院调解本质属性的重要原则，在民事诉讼法对调解制度的规定中被多次提到。法院调解活动的启动与终止都应当建立在当事人自愿的基础上，即程序自愿；调解协议的内容也应当出于当事人的自愿，即实体自愿。此外，对自愿原则的违反还有可能引起审判监督程序，以实现对权利的救济。

2. 合法原则。最一般的理解是指调解所遵循的程序和调解协议的内容都应该符合法律的规定，即调解的程序和实体两个方面都应当合法。

3. 查明事实、分清是非原则。这也是当前我国法院调解的基本原则之一。该原则要求调解活动必须在查明事实、分清是非的基础上进行，只有在查明双方争议的基本法律关系、案件的基本事实的前提下，才可以确定当事人所应当承担的责任，进而对当事人的权利进行有效的保障。

（三）司法调解的特点

1. 适用的广泛性。作为民事诉讼的一项基本原则和人民法院审理民事案件的一种重要方式，法院调解在民事诉讼中具有广泛的适用性。无论从管辖、程序，还是适用范围来看，只要纠纷属于民事权益争议的范畴且具备调解的可能，都可以在当事人自愿的基础上进行调解。

2. 意思自治性。双方当事人发生民事纠纷诉至法院时，法院在充分尊重当事人意志的前提下，由当事人自主决定是否进行调解，法院只是以中立第三方的身份进行调解，帮助双方当事人达成合意，解决纠纷。无论是在对调解这一纠纷解决方式的选择上，还是在双方当事人达成合意的过程中，都充分体现了对当事人意志的尊重，因此调解制度具有充分的意思自治性。

3. 当事人处分权和法院审判权的结合。一方面，在调解过程中，尤其是在调解成功的案件中，必须要求当事人互谅互让，放弃自己的一部分权利主张，才能达成调解协议，当事人对自己权利的处分行为是促成调解结案的重要因素；另一方面，调解作为法院结案的重要方式，同时也是行使审判权的过程。在调解中，人民法院的审判人员起着指挥、组织和监督的作用，从而使调解协议内容的合法性得到有效保障。同时，调解协议达成之后必须经过法院确认，否则不发生法律效力。一旦生效，便与法院判决具有相同的法律效力。因此，目前法院调解可以说是当事人处分权和法院审判权的结合。

（四）司法调解的功能

司法调解自身的独特功能和作用，作为法院促进社会主义和谐社会构建的重要手段，其积极意义是多方面的。

1. 有利于维护社会稳定。目前，我国正处于经济社会快速发展的重要时期，也是经济容易失调、社会容易失控、社会问题急剧增多的敏感时期。当前法院的主业和核心职能是化解社会矛盾。和谐社会的前提和基础是“人和”，“人和”的前提和基础是使不断出现的社会矛盾纠纷能够得到有效妥善的预防和化解。在我国，民商事案件已占法院审理案件总数的90%以上，数量多，涉及范围广，与群众的衣食住行息息相关，与群众的生产生活紧密相连，与社会经济秩序和社会稳定更是密不可分。法官努力提高司法调解能力，讲究调解艺术，创新调解方法，充分发挥调解方式在解决矛盾纠纷中的作用，有利于在更大范围、更广领域内维护社会稳定。

2. 有利于促进人民内部团结。司法调解作为重要的诉讼机制，其独特优势是使诉讼更加人性化，更能体现当事人的平等地位，调解结案更符合司法公正的实质要求。大量民商事案件的当事人之间有着千丝万缕的联系，解决纠纷后仍然要在一起工作、生活。司法裁判虽然解决了一时一地一案的矛盾和纠纷，但新的矛盾和纠纷很可能发生，胜诉者并不一定是胜利者，不少刑事案件都是由于民商事案件未得到妥善处理，矛盾进一步激化而造成的。通过司法调解结案，有利于彻底消除矛盾，理顺社会关系，有效减少“民转刑”案件的发生。

3. 有利于节约司法资源。案件调解结案后，双方当事人通常不上诉、不申请再审、不再上访，解除了很多后顾之忧，既稳定了社会，又节约了司法资源，且在一定程度上提高了司法效率。

司法调解既是一个老办法，又是一个新办法，要不断赋予新内涵，注入新活力，用“能调则调，当判则判，调判结合，案结事了”理念来指导新时期司法调解工作。它是我国息讼文化传统和社会主义司法实践相结合而形成的具有中国特色的法治创新。

三、行政调解

行政调解是一种诉讼外纠纷解决方式，是由行政主体主持的，以国家法律、政策和公序良俗为依据，以自愿为原则，通过说服教育等方式调停、斡旋，促进当事人友好协商、达成协议、消除纠纷的调解制度。行政调解是一种准司法性质的行为，所达成的调解协议一般不具有法律效力和执行力，靠当事人自觉履行。行政调解制度与和谐社会的理念是一致的，有利于我国政府转变执政方式，由权力行政向服务行政转化，符合我国社会的发展现状。

（一）行政调解的适用

行政调解的适用范围，是指何种类型的纠纷可以通过行政调解的方式加以解决。现有的立法实践及理论界倾向于行政调解的范围限于某些与行政管理有关的民事争议以及有关行政补偿与行政赔偿的行政争议。该观点从下列两个角度对行政调解的范围进行了限定：一是行政调解的范围通常限于与行政管理有关的民事争议，原则上排除行政争议，只有关于行政补偿和行政赔偿的数额争议纠纷得以适用行政调解；二是在与行政管理有关的民事争议中，仅仅局限于民事纠纷、权属纠纷以及轻微违法行为等内容。例如，《辽宁省行政调解规定》（自 2015 年 12 月 1 日起施行）第 7 条规定："行政机关在行政管理职责范围内依法对下列纠纷进行调解：（一）治安纠纷、交通事故损害赔偿纠纷；（二）消费者权益纠纷；（三）医疗纠纷；（四）农村土地承包经营、土地权属、矿业权纠纷，林权、水事纠纷；（五）环境污染纠纷；（六）知识产权纠纷；（七）劳动人事和社会保障权益纠纷；（八）计量纠纷；（九）物业权益纠纷；（十）法律、法规、规章规定可以适用行政调解的其他纠纷。"同时，第 8 条规定："有下列情形之一的，不适用行政调解：（一）已申请人民调解的；（二）已向人民法院提起诉讼的；（三）已申请仲裁的；（四）已达成调解协议再次申请调解的；（五）法律、法规、规章规定不适用行政调解的其他情形。公民、法人或者其他组织与行政机关因行政管理产生的行政争议可以通过其他法律途径解决。"在实践中，比较常见的行政调解通常包括以下几点：

1. 治安及交通管理领域。公安部门负责治安管理及道路交通安全管理工作，对行政管理范围中的纠纷可以依法进行调解。根据《治安管理处罚法》第 9 条规定："对于因民间纠纷引起的打架斗殴或者损毁他人财物等违反治安管理行为，情节较轻的，公安机关可以调解处理。经公安机关调解，当事人达成协议的，不予处罚。经调解未达成协议或者达成协议后不履行的，公安机关应当依照本法的规定对违反治安管理行为人给予处罚，并告知当事人可以就民事争议依法向人民法院提起民事诉讼。”在实践中，对违反治安管理行为所引发的纠纷的调解主要由公安派出所承担。根据《道路交通安全法》第74条规定：“对交通事故损害赔偿的争议，当事人可以请求公安机关交通管理部门调解，也可以直接向人民法院提起民事诉讼。”可见，公安机关在处理交通事故过程中，可以对交通事故造成的损害赔偿问题进行调解。

2. 劳动争议领域。对于解决劳动争议，《劳动争议调解仲裁法》明确了注重调解的原则。对于劳动争议的调解不仅有企业劳动争议调解委员会及基层人民调解组织进行的调解，也有劳动仲裁委员会进行的调解，前者是人民调解的性质，而后者具有行政调解的性质。《劳动争议调解仲裁法》第42条规定：“仲裁庭在作出裁决前，应当先行调解。”劳动争议仲裁委员会由劳动行政部门代表、工会代表和企业代表组成，其工作受劳动行政部门的指导。劳动争议仲裁委员会根据法律的授权成为行政主体，具有行政仲裁和行政调解双重职能，可以依法受理劳动争议案件，通过调解或者仲裁解决劳动争议。由于劳动仲裁具有准司法的性质，因而在裁决前通过调解达成协议制作的调解书与裁决书具有相同的法律效力。调解达成协议的，仲裁庭应当制作调解书。调解书经双方当事人签收后，发生法律效力。

3. 医疗事故领域。卫生行政部门可以对医疗事故进行调解。根据《医疗事故处理条例》第48条规定：“已确定为医疗事故的，卫生行政部门应医疗事故争议双方当事人请求，可以进行医疗事故赔偿调解。调解时，应当遵循当事人双方自愿原则，并应当依据本条例的规定计算赔偿数额。”

4. 知识产权领域。知识产权的行政管理部门在相关知识产权的管理工作中，可以依法对知识产权纠纷进行调解。《专利法》第60条规定：“未经专利权人许可，实施其专利，即侵犯其专利权，引起纠纷的，由当事人协商解决；不愿协商或者协商不成的，专利权人或者利害关系人可以向人民法院起诉，也可以请求管理专利工作的部门处理……进行处理的管理专利工作的部门应当事人的请求，可以就侵犯专利权的赔偿数额进行调解。”《商标法》第60条规定：“有本法第五十七条所列侵犯注册商标专用权行为之一，引起纠纷的……商标注册人或者利害关系人可以向人民法院起诉，也可以请求工商行政管理部门处理……对侵犯商标专用权的赔偿数额的争议，当事人可以请求进行处理的工商行政管理部门调解……”《著作权法》第55条规定：“著作权纠纷可以调解。”这里的调解包括著作权行政管理部门对著作权纠纷的调解。

（二）行政调解的特征

1. 主体的行政性。行政调解是行政主体所主持的解纷息诉的活动，是行政主体行使职权的一种方式。在现代社会，行政调解主体不仅包括行政机关，还扩展到了其他行政主体，如法律法规授权的其他组织。例如，《道路交通安全法》第74条规定：“对交通事故损害赔偿的争议，当事人可以请求公安机关交通管理部门调解，也可以直接向人民法院提起民事诉讼。经公安机关交通管理部门调解，当事人未达成协议或者调解书生效后不履行的，当事人可以向人民法院提起民事诉讼。”再如，《消费者权益保护法》第39条规定：“消费者和经营者发生消费者权益争议的，可以通过下列途径解决：（一）与经营者协商和解；（二）请求消费者协会或者依法成立的其他调解组织调解；（三）向有关行政部门投诉；（四）根据与经营者达成的仲裁协议提请仲裁机构仲裁；（五）向人民法院提起诉讼。”而消费者协会就是一个典型的由《消费者权益保护法》授权进行社会监督的行政主体。除此之外，律师协会也经《律师法》授权受理对律师的投诉或者举报，调解律师执业活动中发生的纠纷，受理律师的申诉。

2. 对象的民事性。目前，我国的行政调解对象是由行政机关根据行政管理的需要，对各自领域内的纠纷进行调解，体现出明显的行业性特征，如合同纠纷、交通事故损害赔偿纠纷、知识产权纠纷、环境纠纷、医疗事故纠纷等。当然，并不是所有的民事纠纷都可以由行政机关予以调解，行政调解介入民事纠纷应当有一定的界限，可以从以下几个方面衡量：与行政机关进行行政管理是否有关，现代纠纷的专业性、政策形成与制度完善的需要是决定行政机关是否进行调解的重要因素。

3. 效力上具有一定的拘束性。行政调解的效力问题一直是个令人困惑的问题。行政调解协议缺乏法律效力可以说是行政调解在制度层面上的一个缺失。2009 年 7 月 24 日，最高人民法院制定了《关于建立健全诉讼与非诉讼相衔接的矛盾纠纷解决机制的若干意见》，该意见指出："行政机关依法对民事纠纷进行调处后达成的有民事权利义务内容的调解协议或者作出的其他不属于可诉具体行政行为的处理，经双方当事人签字或者盖章后，具有民事合同性质，法律另有规定的除外。"还指出："经行政机关人民调解组织、商事调解组织、行业调解组织或者其他具有调解职能的组织对民事纠纷调解后达成的具有给付内容的协议，当事人可以按照《中华人民共和国公证法》的规定申请公证机关依法赋予强制执行效力。"同时，该意见进一步完善了司法确认程序，经行政机关调解达成的具有民事合同性质的协议，经行政机关和调解员签字盖章后，当事人可以申请有管辖权的人民法院确认其效力。这些都充分说明了行政调解有着良好的发展趋势，行政调解的解纷机制进一步得到了认可。

（三）行政调解的原则

行政调解是一种运用方式灵活的纠纷解决方式，无论是宏观制度构建，还是微观规则制定，都存在最基本的原则，以及面临着价值之间的相互冲突。我国目前处于社会转型期，同时也是纠纷多发期，根据不同的纠纷种类，行政调解所承担的社会功能也有所区别。一般而言，行政调解的原则与需要平衡的价值体现在以下几方面：

1. 当事人自愿原则。行政调解以自愿为基础。一方面，行政调解得以进行的前提是双方当事人都同意进行调解，即是否进行调解由当事人自主决定，行政调解机关在调解中只是作为第三方组织者的身份出现，在一方或者双方当事人不同意调解时，行政调解机关不得强迫其进行调解。另一方面，行政调解协议必须由双方当事人平等协商、自愿达成，作为第三方的行政主体不得强迫双方当事人达成调解协议，应当采取说服教育的方式促使其达成协议、消除纷争，采用欺诈、趁人之危等手段签订的行政调解协议无效。

由于行政调解在适用上更加灵活，程序上不拘于形式，追求实际效果和目的，在结果上，它以不同于判决的，综合案件背景、当事人实际情况、前因后果等复杂因素和条件，经过权衡、抵消和妥协达成的和解或决定为特征。这使得双方当事人对于纠纷的解决具有更大的协商空间，使其拥有充分的自主性与能动性。当代法治社会的调解，应该说是包含着利己动机和共同动机两方面的“契约型调解”。契约意味着相互对立的意思的合同，契约型调解意味着一种相对立的意识的共存。正是通过当事人自愿这一原则，调解与法治结合起来了。因此，在行政调解过程中，片面地强调规范性和强制性只能起到轻视纠纷当事人之间的交涉和合意的负作用，与现代法治精神背道而驰。

2. 合法性与合理性平衡原则。在复杂的纠纷中，法律与道德、权利与道义情理、理智与情感有时并不完全一致，法律的一刀切式的判决有时很难对纠纷制定出合情合理的解决方案，尤其是在涉及地方和社区特殊习惯或者由于社会转型而引发新型纠纷时，行政调解往往较判决更为合理。“符合实际的解决”应当认为是行政调解的最重要的价值之一，它体现在当事人对于其认同的“法、理、情”之间的协调。作为一项社会争议解决制度，行政调解首先应当具备合法性，它作为一种纠纷解决机制，所要解决的纠纷复杂多样，在解纷的过程当中，情、理、法三者往往混合在一起，而且混合程度随纠纷当事者、利害关系者以及社会一般成员的利益所在、他们相互间的力量对比关系及其他纠纷解决过程的关联等状况的不同而不同，但法律在这种混合中总是存在着发挥影响的契机，法律的确定性为当事人解决纠纷提供了可行的预期，称之为“审判阴影下的谈判”。虽然在“法律的阴影”下的调解存在很大的弹性，但都无形中受到法律规范所定基准的限制。一般经验性事实表明主张缺乏正当性的当事人一方往往容易处于不利的地位，所以纠纷双方总是要援用一种规范来说明自己主张的正当性。而在法治社会中，双方当事人都承认的规范一般是法律规范，因此在法律规范中处于有利地位的一方为了拒绝对方的不当要求或者为了使对方接受自己的正当要求，通常会暗示调解不成要去法院解决，这种暗示往往会很有效果。同时，行政调解是由行政机关主持的，行政机关作为国家的象征其提出的解决方案对于当事人具有不可忽视的分量，常常具有事实上的影响力，且行政机关的调解方案通常依法而定。

行政调解为了充分发挥自身的独特价值，满足当事人在纠纷中的特殊需要，必须在合法的前提下追求合乎情理。所谓合理原则体现在两点：第一，在基本的法律约束范围内，法律赋予了当事人一定程度的自主权，当事人可以根据自身的实际情况进行权衡，如自身的支付能力、人际关系等因素，在法律允许的范围内放弃、抵消一部分权利以达到调解的目的，对其而言是最合理的选择。第二，在一些新型纠纷中，如果在相应的法律规范或者框架并不是很完善的情况下，通过行政调解解决纠纷可以起到社会规范的形成和确认的作用。这既为以后法律的完善奠定基础，也较之判决一次性地确定某个法律原则更具合理性。

3. 公平与效益兼顾原则。公平与效益历来是行政调解所要权衡的重要价值之一。实践证明，如果这两方面的关系处理不好，行政调解就很容易受到人们的垢病。众所周知，行政调解的初衷是出于节约纠纷解决成本的考虑，目的在于尽可能减少不必要的行政耗费，实现管理效益的最大化。因此，迅速、低廉、简便成为它最大的特点。然而，能否达到效益最大化有时很难保证，如果这种程序被当事人所滥用，只会事倍功半，增加解决纠纷的成本支出。因此，当代 ADR（可替代性纠纷解决机制）以增加当事人的强制性和结果的效力保证为核心。例如，对于行政调解协议，可以通过公证、法院登记或审查等方式来使其产生执行力，这就在一定程度上有力地保障了行政调解的效益最大化。此外，为了使 ADR 的效益达到最大化，在一定程度上强制当事人参与也是一种趋势。

我们一方面需要记住“正义被耽误等于正义被剥夺”，另一方面又必须保证不因盲目追求效率而牺牲社会中最易受伤害的人的利益。也许恰到好处的平衡点很难找到，但无论如何我们都不能放弃这种努力。我们不得不考虑高效益背后的代价，如果这种方式不能保证当事人之间最基本的公平原则的实现，盲目地追求效益也是有害的，制度本身的优越性并没有充分地体现出来。因此，在加入强制程序的同时我们仍应注意：首先，当事人自愿原则一定要作为基本原则而贯彻始终，强制并不意味着强迫当事人接受调解做出的任何决定。其次，司法审查应当作为避免出现不公正结果的最后保障。人民法院有权对行政机关的处理结果进行审查，只有这样才能减少其中的错误成本，提高行政调解的整体效益。

（四）公安行政调解

公安行政调解是比较特殊的行政行为，既有行政调解的固有元素，又有治安调解等法定情形。为此，公安行政调解可以界定为一种基于当事人自愿原则，公安机关作为行政执法部门依据法定职责，依法对符合特定条件的民间纠纷、治安案件、道路交通事故损害赔偿纠纷，以及当事人可以和解的公诉案件，通过积极协调、促进沟通、说服教育等方式，促使双方或多方当事人就民事责任问题达成调解或和解协议，达到定纷止争与人际关系恢复目的的一系列活动。

按照法律职责不同，公安行政调解工作可分为民事纠纷调解、治安调解、道路交通事故损害赔偿纠纷调解及刑事和解。这四者既有相同点，又有不同点。相同点是，都因民间纠纷引起；都存在民事赔偿问题；都要依据法律、法规、规章和政策进行调解；都要在双方当事人自愿平等的基础上进行调解，不能压服；都要尊重当事人的诉讼权利，不得因未经调解或者调解不成而阻止当事人向人民法院起诉。不同点是，治安调解、刑事和解的结果对违法行为人或犯罪嫌疑产生特定的法律后果，其他不同点将在各自的章节中予以阐述。

四、大调解与公调对接

当前，我国正处在社会转型、经济转轨的历史时期，利益格局的深刻调整与利益主体的多元化，导致矛盾纠纷呈现复杂性、群体性、综合性和敏感性等特点，极易引发群众上访事件。为此，公安机关面临着巨大压力和严峻挑战。近年来，在推动多元化纠纷解决机制体系构建、发展“大调解”格局等外在环境的催化下，以及“诉调对接”“公调对接”机制的萌发和不断丰富，为人民调解、司法调解、行政调解以及司法、行政之间的关系互动提供了新契机和新平台。尤其是调解作为承载着悠久历史传统的“东方经验”，在社会秩序维护和纠纷解决领域发挥着重要作用。

面对公安行政资源的有限性和公安民警自身能力的局限性，公安机关不得不考虑构建综合联动的多元调解机制来化解矛盾纠纷，避免矛盾的叠加和转移，最大限度地预防一般性矛盾纠纷转化为民事案件、民事案件转化为刑事案件，正是在这样的背景下，“公调对接”机制建设应运而生。

（一）“大调解”体系

中共中央办公厅、国务院办公厅转发的《中央政法委员会、中央维护稳定工作领导小组关于深入推进社会矛盾化解、社会管理创新、公正廉洁执法的意见》中提出了“地方各级党委和政府要充分发挥政治优势，构建政法、综治、维稳、信访部门综合协调，有关部门、单位各司其职，社会各界广泛参与，人民调解、行政调解、司法调解既充分发挥作用又相互协调配合的‘大调解’工作体系”。通过构建大调解工作体系可以有效提高基层的社会组织化程度，把每一个“社会人”都纳入相应的社会组织并对其实施必要的社会管理。重新建立人与人的关联和居民与社区的关联，维持必要的社会控制和秩序。同时，有助于更好地维护社会的公序良俗，有助于增强社会的自治功能，有助于健全基层社会管理体制，通过各级各类基层组织将大量社会不稳定、不和谐因素就地吸附和化解。2011 年 4 月 22 日，中央社会治安综合治理委员会、最高人民法院、最高人民检察院、国务院法制办公室、公安部等 16 家单位印发了《关于深入推进矛盾纠纷大调解工作的指导意见》，提出要“坚持调解优先，依法调解，充分发挥人民调解、行政调解、司法调解的作用”，要“把人民调解工作做在行政调解、司法调解、仲裁、诉讼等方法前，立足预警、疏导，对矛盾纠纷做到早发现、早调解”，强调

“经人民调解组织、行政调解组织或者其他具有调解职能的组织调解达成的调解协议，双方当事人认为有必要的，可以依法向人民法院申请司法确认”。

“大调解”体系的内涵。一般认为，“大调解”一词有广、狭两义。广义的“大调解”是指在党委政府的统一领导下，由政法综合治理部门牵头协调、司法行政部门业务指导、调解中心具体运作、职能部门共同参与，整合各种调解资源，对社会矛盾纠纷的协调处理。狭义的“大调解”是指市、县、乡、镇近年来成立的调解中心。通常所说的“大调解”一词是在广义上使用的，是指在整合人民调解、行政调解、诉讼调解资源的基础上，形成以党委政府统一领导、综治委牵头协调、调处中心具体受理、职能部门各司其职、全社会共同参与和对社会矛盾纠纷统一受理、集中梳理、归口管理、依法调处、限期办结的调解机制。整合资源、整体联动是构建社会矛盾纠纷大调解机制的灵魂。整合资源就是在党委政府的统一领导下，将司法、公安等部门分散的调解资源重新配置、重新组合，充分放大调解资源的整体效应；同时，将传统的民间调解与行政调解、诉讼调解相结合，最大限度地发挥调解的效能。

（二）“公调对接”机制

所谓“公调对接”，“公”是指公安机关，“调”是指人民调解委员会，即在公安派出所设立驻所人民调解室，由公安机关和司法部门各派驻一名工作人员作为专职调解员，让公安民警与人民调解员合署办公。

1. “公调对接”机制建设的意义。公安机关在依法履行法定职责的同时，在行政调解中依托人民调解组织，建立行政调解和人民调解的有效对接，综合运用法律、政策、经济、行政等手段，开展教育、协商、疏导，化解社会矛盾，调处民间纠纷[①]，具有重要意义：

一是创新社会矛盾化解新机制。“公调对接”是公安机关警务活动与社会矛盾纠纷大调解机制有机衔接的简称，是公安机关在一切警务活动中，发现、排查、接报和受理各类社会矛盾纠纷及预警信息后，主动干预、及时处置，对其中尚未给治安秩序造成现实危害又不能现场妥善处置的疑难复杂矛盾纠纷，按照规范程序，在党委政府统一主导、多元主体互动合作下，整合社会资源，主动予以化解平息的社会化运作新机制。

二是实现矛盾化解效能最优化。“公调对接”机制的建立是自上而下的，公安机关只是“大调解”机制的一个职能部门。“公调对接”机制不仅实现了公安 110 接处警工作与大调解工作的有机互动，实现了公安力量和社会力量的紧密结合，形成了上下联动、点面结合、综合性、立体化的预防、处置和调解社会矛盾纠纷的网络，提高了对突发性矛盾纠纷的化解能力，实现了矛盾纠纷信息资源的共享，提升了源头性、苗头性问题的预警能力，社会矛盾和纠纷从萌芽起就在掌控中，可以及时将矛盾和纠纷化解，实现化解矛盾纠纷效能的最优化。

三是解放警力，提升政府公信力。“公调对接”实现了大调解机制功能由被动调处向主动调处与源头预警联动的转变，这一转变大大解放了警力，基层公安调解负担明显下降，同一矛盾纠纷重复报警率明显下降，集体访、越级访数量明显下降，“民转刑”案件数量尤其是命案数量明显下降；矛盾纠纷移送率明显上升，调处成功率明显上升，人民群众满意度和党委政府的公信力明显上升。

---

① 坚持发展新时代“枫桥经验”，载于《人民公安报》2018 年 11 月 12 日第 008 版。

2. “公调对接”机制的制度空间。任何工作机制的建立和创新均应立足于现行法律制度框架，至少不得违反现行法律的禁止性规定，也不能有悖于基本法理，否则就失去了合法的前提。各地公安机关与司法行政机关根据各自实际情况，探索建立“公调对接”机制，不仅有其合法性、合理性，而且符合社会治理创新发展的趋势。

一是现行法律规范已有公安调解与人民调解衔接的原则规定。《人民调解法》第18条规定：“基层人民法院、公安机关对适宜通过人民调解方式解决的纠纷，可以在受理前告知当事人向人民调解委员会申请调解。”《公安机关办理行政案件程序规定》第178条第2款也规定：“对不构成违反治安管理行为的民间纠纷，应当告知当事人向人民法院或者人民调解组织申请处理。”这意味着公安机关处理民间纠纷时，认为通过人民调解组织调处更有利于解决矛盾纠纷的，可以告知或通过其他适当的方式引导当事人通过人民调解的方式处理。尽管《人民调解法》《公安机关办理行政案件程序规定》的相关规定既未明确在何种具体情形下应当告知当事人向人民调解组织申请调处，也未确定具体操作规程，但不可否认的是，该规定无形中在一定程度上为公安调解与人民调解衔接协作提供了制度上的空间，使得公安机关和人民调解组织在实践中进一步将“告知”程序机制化成为可能。

二是公安调解与人民调解的调解范围存在交集。从现有法律法规和部门规章的规定，以及公安执法实践来看，公安调解的范围包括普通民间纠纷。《人民警察法》第21条规定，人民警察对公民提出解决纠纷的要求，应当给予帮助。这一规定意味着公安机关对于民间纠纷可以调解，该规定仅仅算得上是一种职能定位，作为一项警察职权还缺少具体的法律规定。诉求到公安机关的民间纠纷涵盖了民事纠纷的各种形式，如合同纠纷、债务纠纷、赔偿纠纷、房产纠纷、婚姻纠纷、继承纠纷、赡养纠纷、邻里纠纷、债务纠纷、轻微侵权等。这些纠纷的共同特点是当事人之间仅就民事权利发生争议，尚未引发其他法律责任。解决此类纠纷原本不属于公安机关的法定职责，但当事人一旦诉求到公安机关，人民警察就必须按照《人民警察法》的规定为当事人提供帮助。在实践中，人民警察对此类纠纷提供帮助的常用方式就是调解。根据《人民调解法》第 7 条的规定，人民调解委员会是依法设立的调解民间纠纷的群众性组织。由此可见，人民调解的范围限于民间纠纷。因此，对民间纠纷的调处是公安调解与人民调解范围的交集，这为公安调解与人民调解提供了广阔的协作空间。

三是公安调解与人民调解的调解人员组成均具有开放性。《人民调解法》第 20 条规定："人民调解员根据调解纠纷的需要，在征得当事人的同意后，可以邀请当事人的亲属、邻里、同事等参与调解，也可以邀请具有专门知识、特定经验的人员或者有关社会组织的人员参与调解。"《公安机关办理行政案件程序规定》第 182 条规定："对因邻里纠纷引起的治安案件进行调解时，可以邀请当事人居住地的居（村）民委员会的人员或者双方当事人熟悉的人员参加帮助调解。"《公安机关治安调解工作规范》第 8 条也规定："公安机关进行治安调解时，可以邀请当地居（村）民委员会的人员或者双方当事人熟悉的人员参加。"可见，无论是公安调解，还是人民调解，调解人员的组成均具有相当的开放性，公安机关特别是基层派出所的民警参与人民调解，以及人民调解员参与公安调解在理论上都有可能。长期的执法实践使得人民警察与人民调解员在处理各种纠纷时各具经验和特长，在调解时充分发挥各自的独特优势，互相参与，互相协作，无疑有助于促成当事人之间达成调解协议，从而化解矛盾纠纷。

四是公安调解委托人民调解组织进行契合行政委托理论

和司法实践。从行政法理论上看，行政任务是可以委托实施的，只是不同的行政任务实施委托时的条件有所不同。在我国，现行法律法规并没有规定行政委托的统一条件，只是在一些单行法律中对此有所规定。最典型的是《行政处罚法》，该法第 18 条第 1 款规定："行政机关依照法律、法规或者规章的规定，可以在其法定权限内委托符合本法第十九条规定条件的组织实施行政处罚。行政机关不得委托其他组织或者个人实施行政处罚。"按照《行政处罚法》第 19 条的规定，受委托组织必须符合以下条件：其一是依法成立的管理公共事务的事业组织；其二是具有熟悉有关法律、法规、规章和业务的工作人员；其三是对违法行为需要进行技术检查或者技术鉴定的，应当有条件组织进行相应的技术检查或者技术鉴定。按照《人民调解法》第 7 条的规定，人民调解委员会属于群众性组织。人民调解委员会在实施调解事务的某些方面可能较公安机关更具有经验和特长，当公安调解委托给人民调解组织的目的是为了更有利于化解矛盾纠纷时，委托调解既有了正当性的基础，也使得调解达成协议更为可能。

3. "公调对接"机制的基本原则。"公调对接"机制的建设与运行应当遵循以下原则：

一是依法调处原则。按照《人民调解法》、中央综治委等 16 部委《关于深入推进矛盾纠纷大调解工作的指导意见》、《公安机关治安调解工作规范》以及有关交通事故损害赔偿等相关规定，规范受理、流转、调处矛盾纠纷程序，确保调处工作合法、合理、合情。

二是就地化解原则。重点在乡镇（街道）、社区（村）两级通过基层矛盾纠纷调解组织和基层公安派出所、交巡警队、警务室建立"公调对接"机制，做到方便群众，将矛盾纠纷化解在基层。

三是协作互动原则。有效整合公安机关行政调解和人民调解资源，建立健全相互衔接、紧密协作、良性互动、科学高效的矛盾纠纷调处机制。

4. “公调对接”机制的适用范围。根据《关于深入推进矛盾纠纷大调解工作的指导意见》要求，公安派出所参与镇（街道）综治工作中心矛盾纠纷调解工作，并可设立驻所人民调解室，邀请人民调解员参与矛盾纠纷联合调解工作。县级公安机关交通管理部门要会同司法行政机关建立道路交通事故人民调解机制，并可邀请人民法院在公安机关交通管理部门设立道路交通事故法庭，及时受理、调处道路交通事故纠纷案件。

“公调对接”机制要求公安机关对接报的职责范围内的矛盾纠纷及时受理调处，对非职责范围内的矛盾纠纷，通过相关程序、手续，及时分流移交到专门机构进行调处，确保了矛盾纠纷调处活动的及时性、合法性、针对性和有效性。其主要范围包括：

第一，对于民间纠纷，公安机关应依托大调解机制，纳入对接移送范围。这类矛盾纠纷主要有两类：一类是公民之间、邻里之间的纠纷，如债务、房屋、使用公用场地和物品、宅基地、承包土地、生产经营、日常生活中产生的纠纷；另一类是家庭内部矛盾纠纷，如夫妻之间、兄弟姐妹之间、婆媳之间因家庭财产、赡养老人等问题产生的非暴力纠纷。有些矛盾纠纷，由于案情的特殊性，通过先期接处警不能立即对其定性，可以在取得接处警材料后，先行移送矛盾纠纷调处中心，久调不下又发现其系违反治安管理行为或触犯刑法的，应立即移交公安机关依法查处，不能压案不交、压案不查。

第二，对于《治安管理处罚法》和《公安机关治安调解工作规范》规定的调解案件，符合一定条件的，公安机关认为可以委托调解，即可依托各省市建立的大调解体系委托人民调解。这类矛盾纠纷主要有以下四类：（1）违反治安管理行为情节较轻的；（2）亲友、邻里、同事、在校学生之间因琐事发生纠纷引起的；（3）行为人的侵害行为系由被侵害人事前的过错行为引起的；（4）其他适用调解处理更易化解矛盾的。

第三，对于符合《刑事诉讼法》关于刑事和解制度规定的案件，公安机关可以根据当事人的申请，并在告知当事人刑事和解的法律后果的前提下，委托人民调解组织主持刑事和解过程，制定刑事和解协议。

5. “公调对接”机制的规程。公安机关接报民间纠纷警情后应当先期处警，开展调查取证和现场调解。先期处警时，可视情要求派驻人民调解工作室或村（社区）人民调解委员会人民调解员赶赴现场，参与现场调解。民间纠纷现场调解未能化解的，由处警民警填写移送人民调解函，经公安派出所领导审核后，按下列途径进行分流，并移交现场调查材料和现场调解记录。

属于一般民间纠纷的，引导当事人到派驻人民调解工作室（采取移送制引导到乡镇、街道社会矛盾纠纷调处中心）或村（社区）人民调解委员会接受调解；属于其他职能部门负责调解的民间纠纷，移交乡镇（街道）社会矛盾纠纷调处中心后，由社会矛盾纠纷调处中心分流指派相关部门进行调解。

民间纠纷引起的治安案件、刑事案件，在伤情明确、损失清晰的情况下，双方当事人提出要求对民事赔偿纠纷进行调解的，经公安派出所领导审核后，引导当事人到派驻人民调解工作室（采取移送制引导到乡镇、街道社会矛盾纠纷调处中心）接受调解，并移交调解必需的相关材料。公安机关在办理因民间纠纷引起的治安案件、刑事案件时，应当建议当事人对民事纠纷申请人民调解。因民间纠纷引起的治安案件、刑事案件中民事赔偿纠纷进行人民调解时，公安机关不得停止对违法犯罪证据的收集查证工作，以确保人民调解及案件办理后续工作的顺利进行。乡镇（街道）社会矛盾纠纷调处中心、派驻人民调解工作室和村（社区）人民调解委员会在接到公安派出所移交的矛盾纠纷后，应当及时指派人民调解员进行调解，并及时向公安机关反馈调解结果。

6.“公调对接”机制的主要模式。公安行政调解与人民调解采用何种模式或形式进行衔接与协作，是“公调对接”机制的核心问题。从现行法律规定和基层实践上看，根据需要解决的纠纷类型不同，两者间存在三种衔接协作的基本模式。

一是告知调解，即公安派出所对于适宜通过人民调解方式解决的民间纠纷，以告知或其他方式引导当事人到司法所或人民调解组织申请人民调解。告知调解的范围限于民间纠纷。公安派出所在接处警和日常工作中，每天都会遇到大量的民间纠纷，虽然按照《人民警察法》的有关要求，当事人要求帮助解决民间纠纷时，公安机关应当提供帮助，但从严格意义而言，公安机关并不具有对民间纠纷进行裁决的法定职责。对于这些要求公安机关予以解决的民间纠纷，公安机关提供帮助的方式往往是居中调解，调解不成的则告知或者引导当事人到司法所或人民调解组织申请调解。对于当事人来说，向人民调解组织申请调解与向人民法院提起民事诉讼相比，明显具有更为简便和高效的优势，因此当事人更容易接受。对于公安派出所和基层司法机关或人民调解组织而言，及时引导当事人通过人民调解的方式解决纠纷，充分发挥人民调解组织解决民间纠纷的优势，有利于将矛盾纠纷尽早解决，以维护社区稳定。此外，公安派出所还可以从繁杂的非警务事务中解放出来，在很大程度上缓解了警力紧张的问题，勿庸讳言，这几乎是公安派出所普遍欢迎“公调对接”工作机制的最主要原因。

二是协作调解，即公安派出所和人民调解组织在调解各自法定职责范围内的案件和纠纷时，根据案件的实际需要，互相指派工作人员参与协助对方的调解工作。具体而言，公安派出所在治安调解时，邀请人民调解组织指派人民调解员参与，以协助调解；人民调解组织在调解民间纠纷时，邀请公安派出所指派民警参加，协助调查和调处工作。一般来说，人民调解员长期从事纠纷调解工作，调解的经验和技巧比公安派出所民警更为丰富和娴熟，有助于帮助公安机关成功劝导、说服案件当事人并达成调解协议；而公安派出所民警在群众心目中显然更具有传统的权威性，适当参与民间纠纷的调处在很多时候容易使一些群众，特别是本社区居民感到更有威信。公安派出所和人民调解组织密切协作，相互参与协助对方法定职责范围内的案件调处，有利于公安派出所和人民调解组织充分发挥各自的独特优势，共同化解社会矛盾纠纷。

三是委托调解，即公安派出所把治安调解相关事务委托给人民调解组织实施。例如，公安派出所对依法可以适用调解的治安案件，经当事人同意，可以委托人民调解组织进行调解，调解达成协议并履行的，公安机关予以认可，并根据调解协议依法予以结案，不再组织治安调解，也不再作出处罚决定；调解达不成协议，或者达成协议后当事人不履行的，公安机关再对案件依法作出处理。

公安派出所把治安调解的相关事务委托给人民调解组织，其目的实际上还是借助于人民调解组织在调解工作上具有经验和技巧的独特优势。众所周知，治安调解是公安机关的法定职责，而人民调解组织依法只能对民间纠纷进行调解，并不具有治安调解的法定职权，公安机关专属的治安调解职能是否可以委托给人民调解组织在理论上存在争议。但笔者认为，在治安案件的处理实践中，治安纠纷总是与民间纠纷交织在一起，使得治安调解与人民调解在客观上存在交集，在不违反现有法律规定和法律原则的情况下，只要出于有利于化解社会矛盾纠纷的正当性目的，公安机关将治安调解相关事务委托给人民调解组织并无不妥。

第四节　案说“公调对接”

一、宠物扰民起冲突，人民调解来助力

（一）案情简介

2018年3月2日17时许，顾女士带着5岁的女儿在小区里散步，突然一只小狗窜出来，扑倒（未撕咬）女孩，导致女孩小腿摔伤。顾女士护女心切，猛的一脚踢在小狗肚子上，小狗慌忙逃窜。狗主人林女士（同一小区业主）见状非常愤怒，怒骂顾女士毫无爱心，凶残无人性。为此，双方发生争执。民警接报该警情后，立即赶赴现场，及时制止双方当事人之间的冲突，在掌握事件发生的起因、经过与造成的损害后果之后，决定委托顾女士、林女士所在居委会的人民调解组织进行调解。

（二）基本问题

公安机关可以依托“公调对接”机制，将该起案件委托人民调解委员会进行调解吗？

（三）案件解析

从各地已经建立的“公调对接”机制来看，可以交由人民调解组织调解的纠纷案件大致包括四大类：

一是普通民间纠纷。如婚姻、家庭、继承、赡养、扶养、邻里、小额债务、轻微侵权等传统民间纠纷和土地承包、村务管理、征地拆迁、环境污染、劳资工伤、物业管理、医疗、

催讨欠薪等纠纷。调解民间纠纷是人民调解组织的法定职责。这类多适用于对接方式中的告知调解或协作调解。

二是可调解治安案件。根据《公安机关办理行政案件程序规定》第178条规定："对于因民间纠纷引起的殴打他人、故意伤害、侮辱、诽谤、诬告陷害、故意损毁财物、干扰他人正常生活、侵犯隐私、非法侵入住宅等违反治安管理行为，情节较轻，且具有下列情形之一的，可以调解处理：（一）亲友、邻里、同事、在校学生之间因琐事发生纠纷引起的；（二）行为人的侵害行为系由被侵害人事前的过错行为引起的；（三）其他适用调解处理更易化解矛盾的。对不构成违反治安管理行为的民间纠纷，应当告知当事人向人民法院或者人民调解组织申请处理。"

三是交通事故损害赔偿纠纷。《道路交通安全法》第74条规定："对交通事故损害赔偿的争议，当事人可以请求公安机关交通管理部门调解，也可以直接向人民法院提起民事诉讼。"

四是因民间纠纷引起的轻微刑事案件。《刑事诉讼法》第288条规定："下列公诉案件，犯罪嫌疑人、被告人真诚悔罪，通过向被害人赔偿损失、赔礼道歉等方式获得被害人谅解，被害人自愿和解的，双方当事人可以和解：（一）因民间纠纷引起，涉嫌刑法分则第四章、第五章规定的犯罪案件，可能判处三年有期徒刑以下刑罚的；（二）除渎职犯罪以外的可能判处七年有期徒刑以下刑罚的过失犯罪案件。犯罪嫌疑人、被告人在五年以内曾经故意犯罪的，不适用本章规定的程序。"这意味着民间纠纷引起的侵犯公民人身权利、民主权利和侵犯财产的轻微犯罪，以及渎职犯罪以外的轻微过失犯罪，可以通过和解方式处理。适宜和解的案件，当然也适宜公安机关和人民调解组织进行调解。

本案属于同一小区业主因饲养宠物侵犯他人人身权利引

发的损害赔偿纠纷，因此，公安机关可以依托“公调对接”机制，充分发挥居委会、人民调解员与社区居民熟悉的自然优势，委托人民调解委员会进行调解处理，从而提高调解效率。

二、提前退租引纠纷，委托调解有规程

（一）案情简介

某小区房东张先生与房客朱小姐因租房发生矛盾，朱小姐提出提前退租，张先生心怀不满，不但按合同扣掉了朱小姐的租房押金，而且要求朱小姐赔偿地板磨损、家具折损等费用。朱小姐认为这些磨损属于正常使用折旧，况且张先生已扣掉押金 10000 元，足以补偿损耗，遂拒绝赔偿任何费用。双方在相互推搡的过程中，张先生摔坏了朱小姐放在客厅茶几上的花瓶（价值 800 元）。民警及时出警，有效制止了该事件的恶化升级。通过调查取证，民警认为该案件可以依托“公调对接”机制，委托人民调解委员会进行调解。

（二）基本问题

公安机关要依托“公调对接”机制，将该起治安案件委托人民调解委员会进行调解，应当如何运作？

（三）案件解析

在公调对接程序中，告知调解与协作调解程序相对简单，委托调解程序相对需要严格规范。在委托调解过程中要注意以下几点：

1. 征询当事人意见。人民调解以自愿为原则，公安机关将纠纷案件移送人民调解组织前，应先征询当事人的意见，告知当事人公调对接的有关规定，并将当事人的意见记录在案。在当事人同意并在《同意委托调解书》上签字后才可移送。

2. 对处警纠纷分流处理。公安机关 110 接报各类矛盾纠

纷后，派出所等基层处警单位派员先期赶赴现场处警，较简单的、可以现场调解的纠纷现场解决；较为复杂的、当场调解有一定困难的纠纷，处警民警判明纠纷性质后分别作出处理。对适合通过人民调解解决的矛盾纠纷，处警民警在进行必要的先期处置工作后，移交人民调解组织调解。或在110接报矛盾纠纷后，驻派出所调解员随处警民警一同赶赴现场，现场接受移交进行调解或由调解员直接受理。

3. 移送时附相关材料。公安机关将纠纷案件移送委托人民调解组织时，应制作填写《委托调解函》或《移送调解函》，书面告知人民调解组织纠纷案件的简要情况，由处警民警签字和派出所领导审查批准后，附带《同意委托调解书》及案件相关证据材料复印件等一起随案移送。对因民间纠纷引起的治安案件、刑事案件，必须在伤情明确、损失清晰的情况下，才能将民事赔偿纠纷移送调解。

4. 受理调解中相互配合。人民调解组织对公安机关移送的纠纷案件应当进行初步审查，对委托手续齐全、符合人民调解组织调解范围的予以接受，认为不宜适用人民调解的，应说明情况，及时移送回公安机关。人民调解组织进行调解时，公安机关不得停止对违法犯罪证据的收集查证工作，以确保人民调解及案件办理后续工作的顺利进行。人民调解组织需要查阅有关案件资料的，公安派出所要予以配合。

5. 及时反馈与结案。人民调解组织对移送的纠纷案件的调解结果应当及时向公安机关反馈。经调解成功的，当事人签署《人民调解协议书》，公安机关可以依据《人民调解协议书》依法结案；调解不成功的，告知当事人通过其他合法途径解决，或移送回公安机关依法予以及时处理。经委托调解促成双方达成和解协议的轻微刑事案件，公安机关应根据《刑事诉讼法》的规定向人民检察院提出从宽处理或不起诉的书面建议。

6. 进行回访。对经调解达成协议的，人民调解组织或公安派出所及时派员回访，了解并监督调解协议履行情况，听取当事人和群众对调解结果的意见和建议。

【关键术语】

调解；调解的功能；调解的价值；调解的特点；调解的优势；人民调解；司法调解；行政调解；大调解体系；公调对接。

【思考题】

1. 简述调解制度的功能和价值。
2. 简述调解制度的特点和优势。
3. 简述人民调解的概念和意义。
4. 简述司法调解的概念和意义。
5. 简述行政调解的概念和意义。
6. 简述公调对接的概念和意义。

第二章　民间纠纷调解

【教学重点与难点】

教学重点：民间纠纷的概念、类型和特点；公安机关调解民间纠纷的法律依据与基本要求；公安民警调解民间纠纷的常用方法和技巧。

教学难点：公安机关调解民间纠纷的法律依据与法定职责；公安民警调解民间纠纷的常用方法与技巧；公安民警在调解民间纠纷过程中应当注意的问题。

【学习路线图】

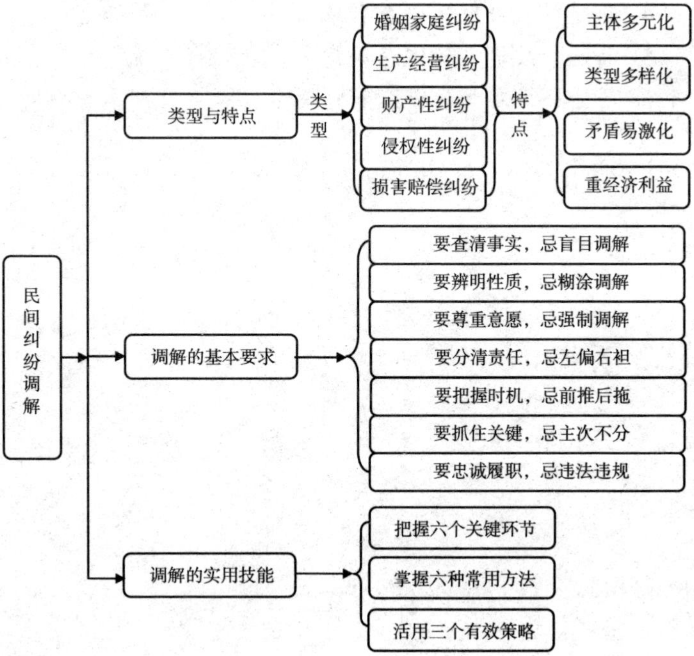

第一节　民间纠纷的类型与特点

改革开放以来，我国经济快速发展、人民生活水平不断提高，但与此同时，社会利益关系日趋复杂，社会矛盾纠纷呈多发态势。尤其是在改革进入攻坚期和深水区背景下，矛盾纠纷的增长与加剧不可避免。新时期基层社会的矛盾纠纷呈现一些新特点、新趋向。从牵涉主体来看，除个人之间的纠纷外，越来越多的纠纷涉及企事业单位、基层社会组织乃至政府部门；从纠纷内容来看，除了在家庭、邻里、社区、公共场所等发生的简单纠纷外，诸如物业管理、征地拆迁、环境污染、劳动争议、医疗、投资等新类型纠纷的数量激增，法律关系更加复杂，处理难度加大；从表现形式来看，矛盾纠纷的牵扯面增大，对抗性增强，有的采用过激行为表达诉求，有的恶意缠访、闹访，甚至引发刑事案件或群体性事件，扰乱社会秩序，造成恶劣影响。

根据《人民警察法》第 21 条规定，公安机关人民警察对公民提出解决纠纷的要求，应当给予帮助。及时、稳妥地调处民间纠纷、化解矛盾是构建社会主义和谐社会的需要，是新时期人民群众对公安机关的必然要求，也是警务机制改革后，公安机关履行社会治安管理和服务职责的重要组成部分。

一、常见民间纠纷的类型

民事纠纷泛指平等民事主体之间因民事权利义务发生争议而引发的纠纷，其构成往往与民事责任相联系；民间纠纷特指公民之间人身、财产权益和其他日常生活中的矛盾和纠纷，其概念从属于民事纠纷这一法律概念。在基层公安机关的日常接处警工作中，各种民间纠纷大量存在，其产生原因多样，外在表现特征各异，如果处置不当，容易引起矛盾激化，甚至引发违法犯罪，造成社会不安定。日常遇到的民间纠纷主要有以下四种：

（一）婚姻家庭纠纷

婚姻家庭纠纷是指因婚姻家庭方面的人身关系及由此产生的财产关系所引起的各类纠纷。主要包括因恋爱解除婚约、夫妻不和、离婚、妇女带产改嫁、借婚姻关系索取财产，以及父子、婆媳、妯娌、兄弟姐妹、夫妻之间因分家析产、赡养、抚（扶）养及家务、家庭暴力等引起的纠纷。基层民警常见的是婚恋纠纷，即夫妻、恋人之间因感情纠葛或物质生活、意识形态等方面存在差异而引发的纠纷，甚至反目成仇、疯狂报复，造成严重后果。这类纠纷往往包含了大量的情感因素，调解时较为困难。

（二）生产经营性纠纷

生产经营性纠纷是指在社会生产活动中以生产为目的所发生的纠纷。主要包括种植、养殖、买卖等生产经营方面引起的纠纷。此外，还包括因地界、水利、山林果树、草场、滩涂、农机具和牲畜等生产资料使用方面引起的纠纷。基层民警常见的是邻里纠纷，即邻里之间因为房屋漏水、楼道垃圾等琐事引发的纠纷。部分邻里纠纷还会导致双方大打出手，升级为刑事案件。尽管这类纠纷的起因大多是一些鸡毛蒜皮的小事，但正因为这些小事在事发时没有得到及时化解，加上双方当事人相互误会、猜疑，继而拖成“历史问题”，一有风吹草动，就会导致所有矛盾爆发。民警在调解这类纠纷时往往很难理清头绪、分清是非。

（三）财产性纠纷

财产性纠纷是指由于财产的确认、归属、损害等问题所发生的纠纷。包括所有权纠纷、使用权纠纷、债权债务纠纷。所有权纠纷是指对物质财富的占有权、使用权、处分权的争议。使用权纠纷是指对物的使用权的争议，如租赁、宅基地纠纷等。债权债务纠纷是指债权人与债务人因债的履行所发生的纠纷。基层民警常见的是买卖纠纷，即买卖双方因商品的价格、质量、售后服务等问题产生矛盾继而引发纠纷。城区派出所由于辖区地处繁华商贸圈，往往接到此类纠纷报警较多。有时，买卖双方甚至在找零钱的过程中都能引发纠纷，继而打电话报警。

（四）侵权性纠纷

侵权性纠纷是指纠纷主体一方或数方不法侵害他人的人身权或财产权引起的纠纷，但必须是未构成犯罪的轻微违法行为所引起的。如情节轻微的损害他人财物、轻微伤害、损害名誉等行为以及由此给侵害一方造成直接或间接财产损失所引起的纠纷。基层民警常见的是偶遇纠纷，即原本陌生的双方当事人偶然相遇，因为对方的言谈举止或其他行为引起本方的强烈不满，或者侵害到本方利益，加之现场言语失和，继而引发纠纷。例如，行路时发生的车辆碰擦，在拥挤的商店或公共汽车内不小心踩了别人一脚等，都可能引发偶遇纠纷。

（五）道路交通事故损害赔偿纠纷

道路交通事故损害赔偿纠纷是指因道路交通事故引发的损害赔偿纠纷，包括财产损害与人身伤亡赔偿。道路交通事故是车辆在道路上因错误驾驶原因造成的，排除了故意而成为刑事犯罪的原因，属于民事案件，承担民事责任。根据《道路交通安全法》第74条规定："对交通事故损害赔偿的争议，当事人可以请求公安机关交通管理部门调解，也可以直接向人民法院提起民事诉讼。经公安机关交通管理部门调解，当事人未达成协议或者调解书生效后不履行的，当事人可以向人民法院提起民事诉讼。"显然，在处理交通事故赔偿争议中，公安机关交通管理部门应当接受当事人的调解申请，对赔偿争议进行调解。同时，根据《人民调解法》，公安部、司法部、中国保险监督管理委员会《关于推行人民调解委员会调解道路交通事故民事损害赔偿工作的通知》（公通字〔2012〕29号），调解道路交通事故民事损害赔偿纠纷，可以采取建立道路交通事故人民调解工作室或者专门的道路交通事故人民调解委员会的形式进行。

二、常见民间纠纷的特点

随着城镇化建设步伐的加快以及社会经济的快速发展，城镇人口越来越多，越来越密集，人多事杂难免纠纷多。城市居民的居住特点不同于农村，城市通常以社区为生活圈，形成一个个居民社区，人员高度集中，一个居民社区的人数少则几千人，多则几万人，甚至几十万人的大社区也已涌现。与农村散居特点不同，城市社区居民并非个人居住独栋楼房，而是与许多邻居共同居住在一栋楼房以及同一个密集的社区，楼上楼下、左右隔壁均有其他邻居，在日常生活中难免会因为一些利益冲突、意外事件等导致矛盾纠纷产生。此外，社区居民遇到的矛盾纠纷不仅存在于居民之间，还涉及房屋买卖、房屋租赁、物业管理等与其他各方产生的人身、财物损害纠纷。纠纷发生之后，许多居民往往对相关法律不甚了解，不善于利用法律手段解决纠纷，不少治安案件甚至刑事案件就是从争执开始，双方吵闹不休、恶语相向，进而引发肢体冲突、拳脚相向。社区矛盾纠纷双方往往各执一词，互不相让，民警接处此类110求助警情时，由于法律职能所限和相关法律知识的缺乏，一般不对民事纠纷进行实质性调解，而是依照《人民警察法》第21条的规定向人民群众提供帮助：一是告知当事人可以向人民调解委员会申请进行人民调解；二是告知当事人可以向人民法院提起民事诉讼。当前，社区矛盾纠纷呈现出一些新的特点，主要表现为：

(一) 纠纷主体的多元化

以前，社区矛盾纠纷的主体一般都是个人对个人，规模大一点的也不过是家庭对家庭，但现在，在许多涉及公共利益的矛盾纠纷中，出现了居民对群体、群体对群体、群体对部门的纠纷。特别是在旧区改造、市政动拆迁、居民区公共设施建设所引起的矛盾中表现得最为明显。仅仅一个“居民对施工工地”的纠纷，就可能涉及施工单位、开发商、政府职能部门、公用事业单位乃至作为土地批租和市政建设主管的政府本身。这个特点意味着纠纷复杂化，解决难度也增大。

(二) 纠纷类型的多样化

以前的纠纷大多是婚姻纠纷、家庭纠纷和邻里纠纷等，而现在纠纷类型日益增多。除上述纠纷类型依然存在外，物业纠纷、城区拆迁纠纷、建设施工噪音和通行纠纷、居民区周边娱乐场所扰民纠纷、消费纠纷以及排烟排气污染等环境纠纷最为突出。另外，市场经济的发展使人们更加注重对自身权益的保护，有关个人肖像权、隐私权、名誉权等纠纷的数量呈上升趋势。

(三) 矛盾纠纷容易激化

随着利益关系的组织化和利益群体的出现，社会群体以“共同利益”为话语纽带的集体行动不断增多，许多潜在矛盾纠纷不断凸现出来，利益群体之间的冲突与对抗日益频繁，群体性纠纷和诉讼日渐增加。如果处理不当，极易激化矛盾，使纠纷升级。群体冲突和集体上访就是矛盾纠纷激化、升级的结果。

(四) 经济利益问题成为矛盾的焦点

以前的纠纷掺杂的情感因素比较多，多是因为“咽不下一口气”，而现在的纠纷多是利益之争，注重经济利益。社会转型与经济转轨带来了社会结构的分化，随之而来的是利益主体的多样化、利益关系的复杂化以及利益诉求的多元化。

不仅矛盾和纠纷的焦点越来越带有鲜明、直接且具体的经济目的和利益指向，而且由于纠纷所涉及的利益关系的复杂纠葛，纠纷的协调难度也变得越来越大。

第二节　民间纠纷调解的基本要求

民间纠纷归根结底是人民内部矛盾。民警调处民间纠纷时，既要充分发挥自身主体身份优势，又要根据民间纠纷的特点，与当事人建立平等互信的对话基础，灵活应用沟通方法与技巧，平衡当事人之间的利益关系，妥善处置矛盾纠纷。如何抓住民间纠纷的规律特点，开展公安行政调解工作，更好地为人民群众服务，维护社会安定，总体来说，可以归纳为“七要七忌”原则。

一、要查清事实，忌盲目调解

接到报警或解决纠纷的请求后，在进行公安行政调解前，民警应当认真听取双方当事人陈述，了解发生矛盾的时间、地点、人员，以及矛盾的产生、发展、结果、趋势等基本要素，掌握纠纷的客观事实真相。矛盾激化甚至发生激烈冲突时，双方陈述差异较大，民警应该通过现场勘查、检验、鉴定、调查见证人或走访知情人等多种方法，全面调查了解纠纷事（案）由的客观真实情况。只有准确把握了纠纷的客观事实真相，民警才能判明其法律属性，明确调解方向，调解工作才能不偏不倚，以法理服人，获得双方当事人的认同，为成功调解纠纷打下坚实的基础。

二、要辨明性质，忌糊涂调解

在听取调查情况，掌握矛盾纠纷的客观事实真相后，民警应当判明其法律属性。

（一）首先应判断纠纷的管辖权范围

1. 一些纠纷具有民间纠纷的外在特征，但其本质是不属于公安机关管辖范围的其他民事纠纷。如经济合同纠纷、经济债务纠纷、劳动争议、征地拆迁纠纷、房（地）产权属纠纷、遗产继承纠纷、环境污染纠纷、产品质量纠纷、知识产权纠纷等，解决这类纠纷需要运用专业知识，依法应由相关的主管或仲裁单位受理管辖，适用于相关专业法律法规来调整的范畴，公安机关无权、也无义务对其做出职责范围以外的专业化裁决或调处。这类纠纷只要没有发生明显的违法行为，公安机关在接警受理后应判明其管辖机关，并帮助当事人转交到相关管辖主体单位。

2. 在普通民间纠纷中，明显的邻里纠纷如农村居民的田边地界争议、城市居民日常生活中偶发事件的矛盾纠纷、家庭纠纷（如恋爱纠纷、家庭成员间矛盾纠纷）等引发的抓扯打架、损毁公私财物等事（案）件，属于公安机关应受理并进行公安行政调解的范畴，民警应当调查取证、及时调解。

（二）应当判明如何处置纠纷中的违法行为

民间纠纷发展到发生激烈冲突时往往伴随着不同程度的违法行为，对违法行为进行依法、合理处置，往往直接影响该纠纷的调解结果。

1. 一些纠纷具有民间纠纷的外在特征，但其中却隐藏着违法犯罪事实。如债务纠纷中的赌博（诈骗）行为、婚姻纠纷中的重婚行为、纠纷打架中的伤害行为（后果为轻伤或重伤）等。经调查发现后，公安机关应当及时依法立案查处，不可“和稀泥”盲目进行调解，放纵违法犯罪行为，构成渎职。

2. 一些民间纠纷在发生冲突时，产生了一定程度的违法行为，对于这种纠纷，只要能够采用调解的方法来教育双方、消除矛盾，达到预防和制止违法行为的目的，公安机关可以调解处理，对违法行为不予处罚。但违法行为人拒绝认识错误并使调解无效，或双方达成调解协议后反悔拒不履行的，公安机关应当对该违法行为予以处罚。

3. 有的民间纠纷虽然有一定的违法行为，但与纠纷的产生、发展有明显的因果关系，且情节轻微的，公安机关一般不予处罚。根据《治安管理处罚法》第 9 条之规定，对这类伴有违反治安管理行为的纠纷适用调解时应掌握以下几点：一是违法行为由民间纠纷引起并有明显的因果关系；二是该行为专指违反治安管理，而不是违反其他行政管理的行为；三是情节轻微。只要符合这三个条件，公安机关应当进行调解，对违法行为一般不予处罚。

（三）应当判明如何对纠纷双方提供帮助

1. 纠纷发生激烈冲突时，双方情绪激动，往往造成人身伤害或财物损毁，公安机关应该首先制止违法行为，恢复秩序，减少财物损失，对人身伤害及时提供救助，保证一方安全。

2. 对伴有人身伤害、财物损毁或其他违法行为，特别是涉及轻伤、遗弃、重婚、非法人侵住宅、侵犯通信自由、侵犯知识产权等法律规定为自诉案件的纠纷现场，应及时勘查、检验、鉴定，并固定相关调查材料和证据，为以后公安机关调解处理或双方进行诉讼提供证据。

3. 应当对纠纷双方当事人提供必要的法律帮助，告知解决其纠纷适用的法律法规、管辖主体机关、解决程序、法律救济途径等法律知识。人民警察向纠纷当事人提供必要的法律帮助，是《人民警察法》第 21 条规定的重要内容。

三、要尊重意愿，忌强制调解

在掌握纠纷的客观真相并判明其法律属性后，对属于公安机关管辖范畴的民间纠纷，公安民警应当与纠纷双方沟通交流，掌握双方当事人对纠纷事（案）件的内心意愿和对调解处理的真实诉求。根据不同特征，促使纠纷调解朝依法、合理、可行的方向发展。在民间纠纷中，有的当事人因对方的态度不好而不服，外在表现为要求对方给予物质或经济赔偿，而其实质为要求对方认识错误，赔礼道歉，争个面子，要个“说法”；有的当事人向对方提出种种难以实现的非物质要求，而其实质是要求获得相关物质或经济补偿；有的纠纷双方虽然表面上是因甲事发生矛盾，其实质却是因乙事的矛盾未得到解决而引发等。只有把握了双方当事人内心对纠纷事件的真实诉求和调解意愿，公安机关才能掌握主动权，把握调解工作的方向，从而获得调解的成功。

四、要分清责任，忌左偏右袒

不断调整双方对纠纷矛盾的诉求，使之达到最大程度的接近，是纠纷调解工作的基本特征。当事人对纠纷矛盾的诉求和对调解工作的期望值，往往建立在双方对矛盾冲突中各自责任认识的基础上。民警要准确把握并促使双方都认识到各自的责任过错，并以此为基础来调整双方的过高或不合理诉求，使之不断接近，从而取得调解的成功。一般纠纷冲突的双方都不同程度地存在着片面主张自己的权益而损害对方权益的现象，为争取得到最大利益或最高期望值，纠纷双方往往只强调对方的过错，推脱自己的过错责任。公安民警要重视调查，以客观事实为依据、以法律政策为评判标准，掌握双方的过错责任。调解前应分别向双方讲明法律政策，明确指出其过错责任及法律后果，使双方认识到各自的客观过错责任，降低其原预期的不合理或过高诉求，从而增加调解成功的可能性。需注意的是，评析双方过错责任，最好在调解前“背靠背”分别给双方做工作，避免当着一方的面强调另一方的过错责任。

五、要把握时机，忌前推后拖

公安机关受理民间纠纷后，应根据纠纷的产生、发展和变化趋势、人员身份性格特征等不同情况，把握调解工作的最佳时机，取得调解最佳效果。有的民间纠纷造成轻微的财物损失或人身伤害，民警应根据事实清楚，双方过错责任明确无异议，后果较轻微的特点，尽快甚至可以现场调解，绝不能推延拖拉，使较小矛盾因未及时处理而升级为较大矛盾冲突，甚至引发违法犯罪行为。有的民间纠纷产生和发展的原因复杂，后果较为严重，甚至伤情和财产损失价值不明，加之双方因矛盾激化对立情绪严重，矛盾争议较大，在调解处理时则不能简单图快、急于求成。公安机关应在一定时间内调查客观事由，明确损失（伤害）后果，综合多方因素确定纠纷调解处置的方向，并通过前期工作来不断调整双方的诉求。在实践中，通过一段时间的冷静，双方当事人会在一定程度上缓解对立情绪，逐渐认识到自己的过错责任，甚至对冲突后果产生悔意，还有一些纠纷当事人经过亲友或双方认可的联系人（中间人）劝说，也能逐步化解矛盾，公安机关再进行调解时，就相对容易达成协议。

六、要抓住关键，忌主次不分

当民间纠纷发生较大冲突时，双方当事人的亲朋好友等都可能帮助当事人争取最大利益或获取最高期望值，无论是在冲突现场，还是在调解过程中，因其人数众多，而意见纷争不统一。对于所有纠纷参与人的泛泛而谈，往往无助于当事人确定意愿，费时费力而且收效甚微。民警应当及时观察、把握纠纷参与人中的关键人员，将其确定为调解时做思想工作的重点对象。通过宣传法律、评析事理和做思想工作，让关键人员理解、支持调解工作，发挥其主动性和正面疏导作用，促使当事人（或亲友）明辨事非，确定合理的调解意愿。在各类纠纷中，有的当事人文化水平较高，能明白事理，通过民警的思想工作，就能不再坚持其亲友所主张的过高甚至不合理的要求；有的当事人的亲友有较丰富的社会阅历，其意见对当事人有很大影响；有的当事人对自己委托的律师或代理人较为信任，愿意听从其意见。在工作实践中，特别是在调解一些起因复杂、后果严重、参与人数众多的大型复杂纠纷时，如农村的“闹婚”事件、城市群体性闹事纠纷等，抓住了纠纷参与人中的关键人员，把握重点工作对象和调解工作的切入点，准确有效地开展调解过程中的宣传法律、评析事理和情理感化工作，往往使调解工作达到事半功倍的效果。

七、要忠诚履职，忌违法违规

公安机关对民间纠纷的处置应当根据《人民警察法》《治安管理处罚法》《公安机关办理行政案件程序规定》等法律法规，依法履行其法定职责和义务，遵循法定的处置程序。在公安工作实践中，法定的职责义务和法定的处置程序往往同时相对应。

（一）受理义务

《人民警察法》第 21 条规定，人民警察接到解决纠纷的请求或报警后，应当受理并给予帮助。受理时，应对其身份和纠纷事由等如实登记备查。

（二）帮助义务

根据《人民警察法》《公安机关办理行政案件程序规定》的相关规定，受理纠纷后，对不属自己管辖的，公安机关应当告知双方有关该纠纷适用的法律法规、管辖机关、解决程序、法律救济途径等法律知识，并帮助当事人向有管辖权的单位移交。对当事人提供必要的法律帮助，同时帮助当事人移交，既是公安机关处置事（案）件、纠纷的法定程序，也是法定职责和义务。

（三）调查取证义务

《治安管理处罚法》第78条和《公安机关办理行政案件程序规定》规定，公安机关对行政案件进行调查时，应当合法、及时、客观、全面地收集、调取证据材料，并予以审查、核实。需要调查的案件事实包括：违法嫌疑人的基本情况；违法行为是否存在；违法行为是否为违法嫌疑人实施；实施违法行为的时间、地点、手段、后果以及其他情节；违法嫌疑人有无法定从重、从轻、减轻以及不予行政处罚的情形；与案件有关的其他事实。

（四）调解义务

根据《人民警察法》第21条、《治安管理处罚法》第9条、《公安机关办理行政案件程序规定》第178条规定，公安机关对受理的民间纠纷有帮助和行政调解的义务。《公安机关办理行政案件程序规定》第180条、第183条规定，调解处理案件时，应当查明事实，收集证据，并遵循合法、公正、自愿、及时的原则，注重教育和疏导，化解矛盾。调解一般为一次。对一次调解不成，公安机关认为有必要或者当事人申请的，可以再次调解，并应当在第一次调解后的7个工作日内完成。

（五）协助履行义务

根据《治安管理处罚法》第9条规定，公安机关对民间纠纷，特别是涉及损害赔偿责任纠纷进行行政调解达成的协议，不具有强制执行力。但为化解矛盾，维护社会治安稳定，公安机关应当尽力协助双方当事人履行调解协议。如果当事人签订协议后反悔不履行的，公安机关应当对其纠纷事（案）件中的违法行为予以处罚，告知双方通过诉讼途径解决其民事责任争议。

第三节 民间纠纷调解实用技能

民警在平时接处警时，经常会遇到案件影响不大、经济损失微小、双方当事人同意调解纠纷的情况，要恰当地调解纠纷，可以从以下几步来做好工作，为人民服务。

一、把握六个关键环节

（一）控制现场，防止矛盾恶化升级

到达一个纠纷现场，经常会看到双方当事人正在激烈的争吵，情绪高涨，此时民警不能全面客观的了解纠纷的起因，因此民警到现场后首先要将双方当事人情绪稳定下来，控制纠纷进一步恶化，及时将双方当事人劝开，可以先让一方当事人上车，另一方当事人在车外稍等，然后分别了解情况。

（二）耐心聆听，分析判断矛盾起因

在向双方当事人了解情况时，民警的态度要表现得诚恳，耐心倾听当事人的陈述，一边听，一边进行梳理，判断是非，不能只听一面之词，听完双方当事人的陈述，最终找出该纠纷的起因。

（三）促进沟通，消除分歧寻找共点

民警了解纠纷的大概情况后，要做到心中有数，知道怎样的处理结果能够满足双方当事人的要求，即双方当事人意愿得到的处理结果，随后开始分别向双方当事人征求意见。民警在处理纠纷的过程中往往会碰到很多故意找茬、提出无理要求的人，对提出无理要求的要当场驳回，跟他讲道理、讲法律，真正做到动之以情、晓之以理，尽量将双方当事人的意见向共同点靠拢。

（四）明确责任，初步商定解决方案

征求双方当事人意见后，要能够得出切入点，否则会前

功尽弃，因为前面所做的工作是为了得到解决双方纠纷的切入点，切入点也就是指某个方面或者某个意见能够成为解决纠纷的方法，民警找出切入点后，应及时作出处理意见，分别对双方当事人做工作，直至双方当事人同意民警作出的处理意见。

（五）指出过错，拟定调解协议条款

双方当事人都能接受民警作出的处理意见后，应将双方当事人召集在一起，但需要注意的是，此时双方当事人都不知道对方的要求是什么，因此绝不能让双方当事人再发表自己的意见，民警要迅速指出双方当事人在这起纠纷中的过错，只谈过错不谈起因，因为一谈起因将激起双方当事人的怒火，谈过错能让双方当事人认识自己的错误，感到愧疚，对民警作出的处理结果只要差不多都可以接受。

（六）签订协议，督促双方及时履行

在平衡双方利益的基础上，确认双方当事人的诉求是否得到充分表达，最后确认调解协议条款。适用治安调解的，制作治安调解协议书；属于普通民间纠纷调解的，依托与人民调解建立的“公调对接”机制，制作人民调解协议书。协议书签字确认后立即发生法律效力，调解民警要督促双方当事人当场或及时履行。

二、掌握六种常用方法

民间纠纷调解在公安派出所工作中占有举足轻重的地位。调解是一门学问，更是一门“公正+细腻+智慧”的艺术。从调解的心理掌控、语言、方法的运用，基层民警探索总结出纠纷调处“十二字”工作法，即“借助、释义、互劝、排忧、褒扬、感召”法，针对不同群体职业、年龄、学历等方面的差异，以“一把钥匙开一把锁”的方式，可有效提升纠纷调处的效率和水平。

（一）僵持对立——借力法

在调解纠纷时，常遇到僵持对立的局面，双方因外界消极因素干扰而久拖不决，在僵持中不时会遇到“人情网”或“亲属团”介入。因此，巧用当事人“托熟人”“讨说法”的阻碍，往往起到事半功倍的效果。通过理性分析，让关系人帮助传递调解规定及希望达到的调解结果，最终达到化解矛盾、调解成功的目的。

（二）期望值高——释义法

释义就是让当事人深刻理解纠纷调解的法律法规，诠释调解过程中的利与弊。在调解中，当事人遭到不法侵害或财产损失时，有时为了维护自身最大权益，讨要赔偿的心理强烈，不考虑任何客观因素，单方面要求往往超过法律的界限。这时调解人可以凭借对被侵害人的心理掌控、证言有违初衷的情节等，借助新闻媒体报道过的群众容易接受的案例、方式等，言简意明、通俗易懂地将适用法律法规的处理结果等信息有效地传递给当事人，让当事人改变最初的设想、态度，调整自己的期望值，跟随调解人的思路一步步促成一致，达成协议。

（三）获知底线——互劝法

“赢和容易、促和难”。在实际工作中，常遇到快速达到“和解”意图，但经济赔偿的“底线”难以达成，制约调解最终成功的情况。有的当事人经过教育、说服，对自己的过失行为虽然有了认识并愿意承担赔偿，但因为面子、经济问题以及受害者要求赔偿过高的难题，使赔偿调解走向尴尬局面。因此，要注意对双方赔偿底线逐一摸底，掌握最新情况，做到心中有数，然后采用背靠背、分合分劝的方法进行劝说，在最后关键时刻由调解人拿出一个双方都可以接受的调解方案，让当事人心悦诚服地跟着调解的步调走，最终互相谅解，接受赔偿。

（四）体察民意——排忧法

民间纠纷有时因生活琐事而起，有时因利益受损或利益分配不均而生。因生活琐事而起的偶发民间纠纷，可以就事论事，分析当事人是非过错，明确责任担当，只要言之有理、言之有据，此类纠纷就不难解决。在实际工作中，民警经常会碰到一些积怨深、利益重、关系杂的矛盾纠纷，此类矛盾纠纷难取证、难说理、难用法，一旦纠纷处理不好，极易引发民转刑案件。调解此类纠纷，不再是纯粹的“语言艺术”，而是要综合考验民警的法律素养与协调能力。民警要充分发挥民间组织及其他政府力量，实实在在地为群众“排忧解困”，解决群众生产、生活中存在实际困难，才能从根本上化解矛盾纠纷。

（五）是非分明——褒扬法

“各持戒备、抵触心理”是矛盾纠纷双方的常见病。在双方当事人“公说公有理、婆说婆有理”，陈述的经过让人“云里雾里”时，调解人要及时抓住要点，尽可能拨开云雾消隔阂，提升彼此间的信任度。这时的纠纷调处既要讲究方式，更要讲究语言的艺术，在当事人发泄不满情绪时不驳斥、不批评，以耐心倾听为基点，以了解事情原貌为重点，以实事求是、明辨是非为发力点。在调解处理中对被调解者还要善于发现他的个性、优点，要及时表扬，做到表扬中有批评、批评中含鼓励，通过表扬缩短与当事人的距离，调动其积极性，激活其良好的情绪。陷入纠纷的当事人在得到赞扬肯定后，一般较容易接受各种不同意见，使调解顺利达成。

（六）零距离接触——感召法

面对纷繁复杂的矛盾纠纷，基层民警要坚持亲情化服务，做到接待群众要热心、开导劝说要耐心、调查情况要细心、碰到困难有信心、纠纷反复有恒心、处理问题有公心；以合情合理维护当事人权益和亲民、便民、爱民的形象，赢得群众的信赖。尤其对社区民警而言，调解民间纠纷要注意情感的积累与应用，这是群众工作能力的综合体现。在实际工作中，凡是群众基础好的，与群众关系情感融洽的社区民警，能够在纠纷调解过程中迅速赢得当事人的信任，其调解效率一般都比较高。同时，社区民警还要通过平时的接待、走访，及时收集矛盾纠纷信息，尽早主动介入，在矛盾的萌芽与初级阶段进行调解，可以达到事半功倍的效果。

三、活用三个有效策略

由于工作环境的特殊性，调解纠纷一般是在街道、公共场所进行，围观人员较多，给工作带来了很大的困难，因此调解纠纷时还应注意以下三个策略：

（一）避免矛盾

在赶往纠纷现场的途中，民警要做到自我调节，摆正心态，切忌带着个人情绪出警，应本着全心全意为人民服务的态度去处理事情，牢记当事人之间发生的纠纷与民警没有任何关系（构成违反治安管理行为的除外），出警的目的是为了化解当事人之间的矛盾，不是去对哪一方进行处罚，不要因为看不惯哪一方的行为而指责，这样不但不能化解当事人之间的矛盾，而且会把矛盾直接指向民警。

（二）单独会谈

在调解过程中，由于双方当事人本身就已存在情感冲突，有时在受到来自对方或其他方面不良信息的刺激后，就极易使冲突进一步升级或矛盾进一步恶化。此时民警要想办法把双方当事人分开，使他们没有接触的机会，接受不到来自对方或其他方面不良信息的刺激。只有先冷静下来，才能够理智地分析和面对眼前的问题，进而使双方逐步缩小意见差距。

（三）寻求援助

民警所遇纠纷的复杂程度是无法预料的，有时实地调查取证也存在一定困难。在这种情况下，不能一味地在现场处理，而可以变通地联系当事人的家属、亲友或相关知情人到场协助解决，或请周围知情群众提供线索和帮助；遇到情况确实复杂，需要进一步查证的情况，可以移送拥有管辖权的派出所妥善处理。

总之，民警在调解时必须要出以公心，平等待人，以理服人，不畏权势，不徇私情。应当针对事实和当事人纷争的焦点，将其行为纳入法律或政策的轨道进行法律适用的解说，仔细分析矛盾，并提出具体适用的条款，只有以事实为依据，以法律为准绳，才能让当事人信服。同时，只有在让当事人明白其要求有无道理及各自应负责任的基础上，才能让其明白民警为什么要提出如此的调解方案，从而最终促成调解协议的达成。

第四节　案说“民间纠纷调解”

一、外机噪音难忍受，三方合力解民忧

（一）案例简介

朱某与赵某为隔壁邻居，朱某住1101室，赵某住1102室。2000年，赵某在装修房屋时将两台中央空调室外机安装在墙体外两家房屋之间的横梁上，距离朱某家的窗户大约2米。由于中央空调室外机的功率非常大，远超过一般家用空调的功率，其所产生的噪音严重影响了朱某的正常生活，因此，朱某多次提出抗议，要求赵某将两台中央空调室外机换个地方安装，不要靠近自家窗户。而且在赵某家阳台的另一侧也预留了安装空调的位置，完全可以将两台中央空调室外机安装到离朱某家较远的地方。但赵某认为安装在两家之间的横梁上比较方便，就是不愿意换地方，并且认为这是公共空间，自己有权利使用，爱装哪儿就装哪儿，哪儿方便就装

哪儿，反而觉得是朱某多事，存心找茬，跟自己过不去。为此，赵某也存在斗气的心理，朱某见难以协商，便请求小区物业和居委会进行协调处理，但均无效果，双方险些发生肢体冲突。朱某只好拨打“110”报警，接警民警了解基本案情之后，组织当事人进行调解，并邀请小区居委会和物业公司参与协助调解。

（二）基本问题

公安机关能否对本案进行调解，在调解过程中应注意哪些问题？

（三）案例解析

根据《人民警察法》第21条规定，人民警察遇到公民人身、财产安全受到侵犯或者处于其他危难情形，应当立即救助；对公民提出解决纠纷的要求，应当给予帮助；对公民的报警案件，应当及时查处。本案中，朱某、赵某请求公安机关调解双方因空调噪音引发的邻里纠纷，公安机关应当给予帮助。公安机关提供帮助通常有两种途径：一是根据自愿原则，组织当事人进行调解；二是告知当事人解决矛盾纠纷的合法途径，包括人民调解、民事诉讼或仲裁等。在调解过程中，民警要坚持依法、公正原则，做好释法说理工作，帮助当事人进行友好的沟通与协商，积极构建和谐、和睦的社区邻里关系。

不动产的相邻各方应当按照有利生产、方便生活、团结互助的精神，正确处理邻里关系。空调设备的安装应当尽可能地远离邻居的门窗，注意避免对邻居造成影响和妨碍，虽然两家之间的横梁位置可以安装空调室外机，也并未限定安装多大的功率，但根据实际情况来看，这两台中央空调室外机的功率明显大于一般居家所需的空调功率，距离朱某家的窗户仅仅2米。经过相关部门的检测，其噪音已经超过相关标准，的确对朱某家的正常生活造成了影响。并且赵某家阳台的另一侧也预留了安装空调的位置，理应将空调室外机移至较远处安装，以减少对相邻住户的影响。

二、调解之后又反悔，法院驳回不支持

（一）案例简介

居民孙某在路过张某家门口时，被张某的狗咬伤，孙某到市疾病控制预防中心注射了狂犬疫苗，花费1311元，要求张某赔偿自己的医药费，但张某不愿承担赔偿费用，因此否认自家的狗咬伤了孙某，双方对此争执不下。于是，孙某找到了居民委员会要求调解处理此事，在社区人民调解委员会的主持调解下，张某承认自家的狗咬伤孙某的事实，但认为孙某本人也有责任，不应该挑逗他家的狗。最终双方协商达成如下协议：（1）张某赔偿孙某各项费用共计500元整；（2）张某在付清以上费用后，孙某不再追究其他责任；（3）双方在签订本调解书时，由张某付清协议款项，由孙某出具收款凭证，款据两清，不得后悔；（4）如单方反悔，一切后果自负。本协议一式三份，双方签字后即为生效，双方各执一份，人民调解委员会留存一份。落款为某某街道某某人民调解委员会。张某与孙某均在该调解协议上签字。协议签订后，孙某当场支付给张某500元。过了几日，孙某越想越觉得生气，明明是张某家的狗咬伤了自己，害得自己花了医药费1311元，结果张某只赔偿500元就想了事，觉得自己咽不下这口气，一定要张某再赔偿剩余的811元。孙某又再次找到张某要求赔偿剩余款项，但张某认为双方已经达成调解协议并签字生效，并且自己也按协议履行了，就应当以调解协议为准，岂能随便反悔。孙某认为自己当时是迫于无奈，抱着赔偿能得多少是多少的心态才签字的，并非心甘情愿，于是拨打“110”报警。接警民警了解情况以后，告知当事人本案不属于公安机关管辖，应依法向人民法院提起民事诉讼。为此，孙某将张某起诉到

法院，要求撤销该调解协议，请求法院判决张某支付尚未赔付的医药费 811 元。

（二）基本问题

人民调解协议书具有怎样的法律效力？公安机关应如何处理？

（三）案例解析

根据《人民警察法》第 21 条规定，人民警察遇到公民人身、财产安全受到侵犯或者处于其他危难情形，应当立即救助；对公民提出解决纠纷的要求，应当给予帮助；对公民的报警案件，应当及时查处。公安机关提供帮助通常有两种途径：一是根据自愿原则，组织当事人进行调解；二是告知当事人解决矛盾纠纷的合法途径，包括人民调解、民事诉讼或仲裁等。本案中，孙某要求公安机关裁定人民调解协议无效，并要求公安机关重新进行调解没有法律依据，公安机关可以对孙某进行释法说理，若孙某不接受，则告知孙某可以向人民法院提起民事诉讼。

本案例的焦点问题是，在人民调解委员会的主持调解下，双方达成调解协议，并由双方签字确认后，还能不能反悔。由于该调解协议是经由人民调解委员会调解达成，含有民事权利义务内容，并由双方签字确认生效的调解协议，因而具有民事合同的性质。同时，根据《人民调解法》第 31 条第 1 款的规定：“经人民调解委员会调解达成的调解协议，具有法律约束力，当事人应当按照约定履行。”因此，双方既然已经签字确认了，就应当按照调解协议的约定履行，不得擅自变更或解除调解协议。如果认为在签订调解协议时显失公平的，有权请求人民法院变更或者撤销。一方利用优势或者利用对方紧迫以及缺乏经验，致使双方的权利与义务明显违反公平、等价有偿原则的，可以认定为显失公平。但在这起事件中，是孙某为了解决赔偿问题，主动找到居委会要求调解的，并且在人民调解委员会的主持下，双方达成了调解协议，孙某对于整个调解过程都是自愿参加的，对于后果也是明白的，在此调解过程中没有人欺骗或者胁迫他，最终他也是自愿在调解协议上签字的，并且当场接受了张某给付的500元赔偿款。同时，该事件不属于特殊的专业领域，无需特别的经验，双方都是普通居民，地位对等，条件相当，孙某不缺乏经验。因此，该调解协议无法认为是显失公平，不能撤销，孙某无法再要求张某给付更多的赔偿。

三、调解程序不规范，好心办件大坏事

（一）案情简介

2014年4月28日21时许，某村办事员汪某某因余某某（文盲、62周岁）未及时提供低保照片，便到余某某家对其进行质问，后双方发生口角拉扯，造成余某某头部、颈部受轻微伤。当晚，处警民警将汪某某、余某某带至派出所口头了解情况，后分开进行调解工作，双方当事人在《治安调解协议书》上签字。次日，余某某到该所反映自己头疼，要求到医院治疗，不同意昨晚的调解协议。4月30日，派出所再次进行协调后，汪某某支付500元给余某某到医院治疗。后余某某到市局纪委、分局进行投诉，反映民警办案不公，未将调解协议书上的内容向其宣读，未将调解协议书送达，要求公安机关依法处理。余某某于5月4日至27日在市人民医院住院治疗。5月22日，该所受案调查；5月29日召集双方当事人调解未果；6月5日，市局根据《治安管理处罚法》第43条第2款第2项之规定，给予汪某某行政拘留10日并处罚款500元的处罚。

（二）基本问题

公安机关在调解该起因民间纠纷引起的治安案件过程中，存在哪些问题？

（三）案件解析

公安机关在调解处理该起治安案件的过程中存在以下问题：

一是取证不到位。《公安机关治安调解工作规范》规定，治安调解应当依法进行调查询问，收集证据，在查明事实的基础上实施调解。但是，该所办案民警将案件当事人带至派出所后只是进行了口头询问，未制作询问笔录，也未对余某某的伤情拍照固定。

二是调解不规范。根据《公安机关治安调解工作规范》第2条规定，调解应是在公安机关的主持下，引导双方当事人达成调解协议。其一，办案民警将余某某带到办公室进行劝说后，就自行起草了调解协议书，也未向余某某宣读协议书上的内容就让其签字；其二，办案民警在明知余某某受伤的情况下，却在协议书上写明“余某某不需要治疗”，此协议内容非余某某真实意愿的表示；其三，调解协议书未当场交付当事人。该案在调解过程中存在“和稀泥”现象，未遵循合法、公正、自愿的原则。

三是受案不及时。《治安管理处罚法》第9条规定，经调解未达成协议或者达成协议后不履行的，公安机关应当依照本法的规定对违反治安管理行为人给予处罚。余某某在4月29日就以办案单位处理不公的理由，对调解协议提出反悔，而办案单位未及时受案，直至5月22日在分局要求下才开始受案调查。

为此，公安机关人民警察只有明确法定职责，履行法定义务，依照法定程序，对民间纠纷进行公正调解，才能化解矛盾，维护社会安定，树立人民警察为人民服务的良好形象，为构建社会主义和谐社会作出贡献。

【关键术语】

民间纠纷；民间纠纷的种类；民间纠纷的特点；人民调解；公安行政调解。

【思考题】

1. 简述民间纠纷的概念、种类和特点。
2. 简述公安机关调解民间纠纷的法律依据和意义。
3. 公安民警调解民间纠纷应当注意哪些问题？

第三章　治安调解

【教学重点与难点】

教学重点：治安调解的概念和法律依据；治安调解的适用条件和范围；治安调解的法律效力、原则、方法和程序要求。

教学难点：治安调解的适用范围；治安调解的程序和常用方法。

【学习路线图】

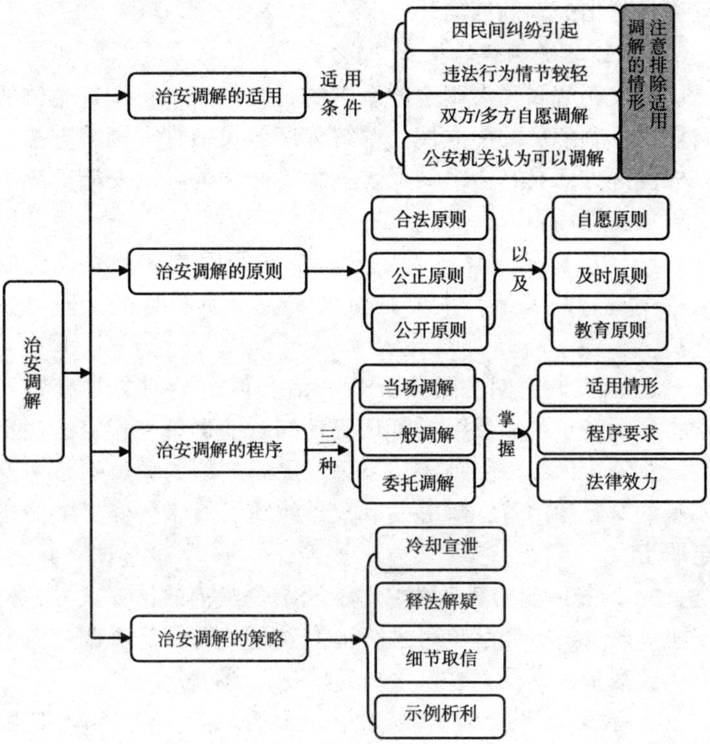

第一节　治安调解的概念与适用范围

一、治安调解的概念与特点

（一）治安调解的概念

根据公安部《公安机关治安调解工作规范》，治安调解是指“对于因民间纠纷引起的打架斗殴或者损毁他人财物等违反治安管理、情节较轻的治安案件，在公安机关主持下，以国家法律、法规和规章为依据，在查清事实、分清责任的基础上，劝说、教育并促使双方交换意见，达成协议，对治安案件作出处理的活动”。

（二）治安调解的特点

治安调解属于大调解体系中的行政调解，在调解主体的自愿性、调解员的中立性、调解程序的灵活性、调解方法的多样性等方面具有诸多共通之处，除此之外，治安调解还具有以下特殊性：

1. 治安调解主体的特定性。治安调解是在公安机关的主持下进行的调解，主要是由公安派出所和县级公安机关主持。

2. 治安调解对象的多元性。治安调解的对象具有多元性，包括特定的违反治安管理责任问题的调解；特定的违反治安管理行为造成的损害后果等。民间纠纷的调解不是治安调解的对象和内容，解决民事权益纠纷不属于公安机关的法定职责。

3. 治安调解的裁量性。对于法定范围内的治安案件，公安机关既可进行调解也可进行治安管理处罚，是否调解由公安机关裁量，不受当事人意志的限制。

4. 治安调解效力的特殊性。主要表现为：第一，经调解达成协议并履行的，公安机关不再处罚；第二，经调解未达成协议或者达成协议后不履行的，应对违反治安管理的行为人依法予以处罚；第三，当事人达成的协议不具有强制执行的效力，当事人双方或一方反悔不履行的，公安机关不能强制其履行调解协议。

二、治安调解的适用条件

《治安管理处罚法》和《公安机关办理行政案件程序规定》对治安调解的适用条件与案件范围进行具体规定。

《治安管理处罚法》第 9 条规定，对因民间纠纷引起的打架斗殴或者损毁他人财物以及其他违反治安管理行为，情节较轻的，公安机关应当本着化解矛盾纠纷、维护社会稳定、构建和谐社会的要求，依法尽量予以调解处理。特别是对因家庭、邻里、同事之间纠纷引起的违反治安管理行为，情节较轻，双方当事人愿意和解的，如制造噪声、饲养动物干扰他人正常生活、放任动物恐吓他人、侮辱、诽谤、诬告陷害、侵犯隐私、偷开机动车等治安案件，公安机关都可以调解处理。

《公安机关办理行政案件程序规定》第 178 条规定："对于因民间纠纷引起的殴打他人、故意伤害、侮辱、诽谤、诬告陷害、故意损毁财物、干扰他人正常生活、侵犯隐私、非法侵入住宅等违反治安管理行为，情节较轻，且具有下列情形之一的，可以调解处理：（一）亲友、邻里、同事、在校学生之间因琐事发生纠纷引起的；（二）行为人的侵害行为系由被侵害人事前的过错行为引起的；（三）其他适用调解处理更易化解矛盾的。对不构成违反治安管理行为的民间纠纷，应当告知当事人向人民法院或者人民调解组织申请处理。"

全面、准确掌握治安调解的适用条件与案件范围，应着重理解以下四个方面：

一是起因条件，即该违反治安管理行为是因民间纠纷引起的，反之，对于非民间纠纷引起的各种恶意侵犯他人人身、财产权利的违反治安管理行为不能予以调解处理。例如，妨害公共安全、妨害社会管理、违反身份证管理等违法行为案件不适用治安调解。有的违反治安管理的行为没有被侵害人，其侵害的客体是国家治安管理制度和社会公共秩序，所以不适用也无法进行调解。民间纠纷引起的案件如果有受害人，主要侵害的是当事人的人身和财产权益，可以在当事人之间进行调解。但如何界定民间纠纷，我国《治安管理处罚法》对此并无明确规定，1990 年 4 月 19 日，司法部发布施行的《民间纠纷处理办法》第 3 条规定，民间纠纷是指公民之间有关人身、财产权益和其他日常生活中发生的纠纷。因此，民间纠纷主要是指公民、单位等私主体之间在生活、工作、生产经营等活动中产生的日常纠纷，如亲朋好友、邻里同事、在校同学之间因生活琐事发生纠纷引起的侵权行为，侵害行为一般在生活中都有其他前因后果，用调解处理此类纠纷更易化解当事人之间的矛盾，有利于当事人今后的相处和合作。

二是情节条件，即该违反治安管理行为情节较轻，反之情节严重的治安案件不能适用治安调解。侵害人的行为在违法程度上符合“情节较轻”的要素，一般是指违反社会治安管理的行为手段不恶劣、后果不严重、社会危害性不大、主观恶性不大等。情节较轻的行为，通过调解手段解决矛盾的可能性也大。如果违反治安管理的行为情节严重，甚至根据法律明确规定应当从重处罚的行为，就不得进行治安调解。这是因为对行为人的严重违法行为必须追究其法律责任，不可轻易放纵。在实际工作中，如果情节严重造成严重损害后果，受害人在心理上也希望追究侵害人的法律责任，而不愿调解结案；如果双方当事人积怨已久，调解难以奏效的，也不宜采用调解处理；如果双方当事人平时关系良好，通过调解能够息事宁人，甚至可以消除矛盾，当事人也愿意接受调解的，就可以进行调解处理。

三是意愿条件，即双方当事人同意调解，反之，调解不得违背当事人意愿而强制进行。双方当事人同意调解是进行治安调解的前提。公安机关不可以强制当事人同意调解，有的案件虽然情节轻微，但双方当事人或其中一方当事人坚持不调解，公安机关就不宜调解。有些案件当事人由于情绪激动，可能一开始不同意调解，公安机关可以适当做思想工作，但不能变相强迫其调解。在调解过程中，调解也要坚持自愿原则，对当事人只能说服教育，不得强迫，也不得通过恐吓、利诱、威胁或其他强迫方式让当事人接受调解协议。调解书应当反映双方当事人的真实意愿，公安机关可以引导、建议、促进当事人协商，但不得代替当事人达成调解协议。若一方或者双方当事人拒绝调解或拒不参加调解的，或者经过数次调解而不能达成调解协议的，也不能久拖不结案，公安机关应当及时终止调解。

四是公安机关的自由裁量，即公安机关可以根据具体案情，综合考量案件处理的社会效果、法律效果，作出调解或不调解的决定。治安调解不是进行治安处罚的前置必经程序。我国《治安管理处罚法》规定对治安调解的适用是“公安机关可以调解处理”，对其中“可以”的理解是指在一般情况下对于符合治安调解范围的案件，公安机关应当优先选择调解处理。“可以”反映了公安机关在处理上的自由裁量权，但公安机关不能因担心调解工作的琐碎和麻烦或者追求打击处理案件数量，而一味地选择治安处罚。如果一方当事人坚持不调解，要求对另一方当事人进行行政处罚，公安机关就不能怠于履行职责，而不予处罚。另外，如果治安调解不能有效威慑违法行为，不能满足对侵害人的责任追究，公安机关则应该行使行政处罚权，即使被侵害人愿意以民事赔偿代替行政处罚，也无权结束公安机关对该治安案件的行政执法。

三、排除适用治安调解的情形

《公安机关办理行政案件程序规定》《公安机关办理伤害案件规定》《公安机关治安调解工作规范》《上海市公安机关调解处理治安案件规定》均对治安调解的排除性情形作了规定，虽然具体内容并不完全相同，但是基本原则与精神是一致的。

根据《公安机关办理行政案件程序规定》第179条规定："具有下列情形之一的，不适用调解处理：（一）雇凶伤害他人的；（二）结伙斗殴或者其他寻衅滋事的；（三）多次实施违反治安管理行为的；（四）当事人明确表示不愿意调解处理的；（五）当事人在治安调解过程中又针对对方实施违反治安管理行为的；（六）调解过程中，违法嫌疑人逃跑的；（七）其他不宜调解处理的。"

根据《公安机关办理伤害案件规定》第31条规定："有下列情形之一的，不得调解处理：（一）雇凶伤害他人的；（二）涉及黑社会性质组织的；（三）寻衅滋事的；（四）聚众斗殴的；（五）累犯；（六）多次伤害他人身体的；（七）其他不宜调解处理的。"

根据《上海市公安局调解处理治安案件规定》第3条规定："具有下列情形之一的，不适用调解处理：（一）雇凶殴打、伤害他人或者一次殴打、伤害多人的；（二）寻衅滋事的；（三）结伙或者持械违反治安管理的；（四）殴打、伤害残疾人、孕妇、不满十四周岁的人或者六十周岁以上的人的；（五）多次实施违反治安管理行为的；（六）利用民间纠纷打击报复的；（七）需要进行伤情鉴定，而被侵害人拒绝提供伤情诊断证明或者拒绝进行伤情鉴定的；（八）当事人在调解过程中或者达成协议后，又重新挑起事端，故意制造新矛盾或者再次违反治安管理的；（九）在公共场所发生打架斗殴等违反治安管理行为，影响恶劣的；（十）其他不宜调解处理的情形。”

第二节　治安调解的原则

《公安机关办理行政案件程序规定》第180条规定，公安机关“调解处理案件，应当查明事实，收集证据，并遵循合法、公正、自愿、及时的原则，注重教育和疏导，化解矛盾”。《公安机关治安调解工作规范》第6条明确规定了治安调解应当遵循六项原则。

一、合法原则

治安调解应当按照法律规定的程序进行，双方当事人达成的协议必须符合法律规定。

一是实体与程序合法。公安机关对当事人进行调解时，在程序上和实体上都必须符合法律法规的规定。由公安机关人民警察主持，双方当事人（或者委托人）参加，共同达成有关协议。其中，当事人应具有完全民事行为能力，当事人中有不满十六周岁未成年的，应当通知其父母或者其他监护人到场。明确告知法律规定的调解内容、效力和依法履行等要求，以及不履行协议的法律后果；请双方当事人陈述事件经过、各自的理由和意见；对违反治安管理行为人进行批评教育；通过说服教育的方法促使双方当事人自愿达成协议。

二是协议内容合法。双方当事人在公安机关主持的调解下达成的协议内容也必须符合法律法规的规定。也就是说，当事人的意思表示真实、没有重大误解，协议内容不得违反法律、行政法规的规定或者社会公共利益。这里要强调的是，合法不排斥妥协。调解的合法不同于裁判的合法，前者指不得违反法律的禁止性规定，是一种宽松的合法；后者指必须符合法律规定，是一种严格的合法。当事人在接受人民警察的调解时，可以自由处分自己的实体权利，并且在不违反实体法禁止性规范的前提下达成双方所满意的或者所能接受的调解协议。尽管协议的内容有时不完全符合实体法中的某些规定，但这正是当事人在行使自由处分权时作出或大或小的妥协的表现。妥协决定了调解协议的内容不可能完全符合实体法的某些规定。调解的“合法”可理解为调解达成的协议不得违反法律禁止性规定，即公安机关对双方当事人进行调解时，不得侵害国家、社会公共利益，也不得损害他人的合法权益。因此，公安机关在进行调解时，不得违法进行调解，必须遵循合法、合理、合情原则。

二、公正原则

治安调解必须以事实为依据，以法律为准绳。调解要做到合情、合理、合法，必须在查清事实、取得证据、分清责任的基础上依法进行调解。事实清楚、证据确凿是正确进行调解的前提和基础，分清责任则是解决纠纷的关键。因此，以事实为依据、以法律为准绳是治安调解必须坚持的原则，也是有效处理纠纷矛盾的关键所在。公安机关对双方当事人进行调解时，要严格按照法律法规，在主观上对违反治安管理行为人和受害人应公正对待，做到不偏不倚，不徇私情。坚持公正调解的原则，不能先入为主，袒护或偏向于任何一方，在客观上根据案件的具体情况，以事实为依据、以法律为准绳，客观公正地主持调解工作。公正不仅是调解的原则，更是社会追求的最高价值，是社会和谐发展的重要条件，蕴含着社会深层的意志。公正要求人们站在对方的立场上去设想，己所不欲，勿施于人。公正要求不得以个人的利害关系为判断根据，而必须设身处地，替受影响的各方着想，对有关利害关系作通盘考量，显示不偏不倚的立场。公正也是法的本性。执法办案要公平正直、合乎法度、是非清楚、处理得当，不偏袒任何人，处理结果就会被社会上大多数人认可，公正调解才能更好地化解矛盾纠纷。公正常和公平、公开连在一起。公正是就道义而言，公平是就利益而言，公开是就程序而言。通过程序公开，协调赔偿利益的公平分配，从而达到道义上的公正。公开调解能调动社会各种有利因素，组织各方面力量一起做工作。双方当事人的亲戚朋友、地方上的年长有望者、当地退休或在职的国家干部职工，都可以邀请他们参加治安调解，共同做好纠纷双方的说服、教育、疏导工作。

三、公开原则

治安调解应当公开进行，涉及国家机密、商业秘密或者个人隐私，以及双方当事人都要求不公开的除外。治安调解公开进行，是指公安机关应当让双方当事人都了解案件的事实和违法的性质，以及依据法律应当给予违法当事人何种治安管理处罚等情况，在双方当事人都在场的情况下进行调解。例如，对因邻里纠纷引起的治安案件进行调解时，可以邀请居委会、村委会的人员或者双方当事人熟悉的人员参加。但是，根据有关法律法规的规定，公安机关调解处理治安案件，并不是所有的都必须公开进行。对涉及国家机密、商业秘密或者个人隐私等案件以及双方当事人都要求不公开的，治安调解可不公开。治安行政案件不公开进行调解的情形主要有：一是涉及国家秘密、商业秘密、个人隐私的治安行政案件。二是当事人中有未成年人或者盲、聋、哑、严重智障等残疾人的。三是当事人中有一方要求不公开调解的。公安机关对治安行政案件进行调解，其目的是为了对当事人之间的民间纠纷进行协商，妥善解决，缓解矛盾，相互谅解，和睦相处。因此，当事人各方无论出于什么目的，基于什么原因，要求不公开调解的，公安机关都应当决定调解工作不公开进行。四是公安机关认为不宜进行公开调解的其他情况。

四、自愿原则

治安调解应当在双方当事人自愿的基础上进行。达成协议的内容，必须是双方当事人的真实意思表示。

（一）治安调解必须遵循当事人自愿的原则

治安调解必须以当事人各方自愿为调解处理的前提条件，没有这个前提，治安调解就没有基础。也就是说，治安调解应当在双方当事人自愿的基础上进行，达成协议的内容，必须是双方当事人的真实意思表示。自愿原则包含三层意思：一是自愿接受调解处理；二是自愿达成调解协议；三是自愿履行调解协议。民警不能强制进行调解，不能强迫当事人接受调解条款，更不能强制执行调解协议。在治安调解中，如果民警横加干预，当事人往往不能坚持自己的合法请求，失去行使自己权益的主动性。如果民警主观臆断、横加干预，让当事人提出的请求围绕自己的指挥棒转，即使双方接受了最后的调解结果，民警的专断也会在当事人心里留下不好印象，认为公安机关也不是寻求公正的地方，从而损害公安机关和人民警察的良好形象。

（二）自愿原则并不排斥人民警察的引导

纠纷发生后，当事人由于缺乏法律知识、道德观念，以及受个人情感等因素的影响，往往言辞激烈、行为激化，很难有完全自愿接受调解的意思表示，在通过教育疏导以后，才会认识到各自的过错，进而接受调解处理。民警不能狭隘地理解自愿原则而不做引导工作。赔偿协议可以让双方当事人自愿达成，也可以由民警提出建议，引导双方当事人达成。

五、及时原则

治安调解应当及时进行，使当事人尽快达成协议，解决纠纷。治安调解不成的，应当在法定的办案期限内及时依法处罚，不得久拖不决。一般说来，在纠纷尚未激化之前，在有关文件规定的时限内调解完毕就是及时。对于某些纠纷，不是纠纷发生后尽快调解，而是首先采用“冷处理”的办法让双方情绪冷静下来，从而求得更好的调解效果，这不违背及时原则。但是，这里要特别指出的是，实施调解必须遵循“先调查、后调解”的程序规定，及时进行案件调查，查清案件事实、取得证据、分清责任，这是所有案件调解的必经程序。

《公安机关治安调解工作规范》第 9 条对及时调解的“及时性”从次数与时间两个方面作出了具体规定。一是调解次数规定。治安调解一般为一次，必要时可以增加一次。二是调解时间规定。对明显不构成轻伤，不需要伤情鉴定，以及损毁财物价值不大，不需要进行价值认定的治安案件，应当在受理案件后的 3 个工作日内完成调解；对需要伤情鉴定或者价值认定的治安案件，应当在伤情鉴定文书和价值认定结论出具后的 3 个工作日内完成调解。对一次调解不成，有必要再次调解的，应当在第一次调解后的 7 个工作日内完成第二次调解。

对治安调解不成的，应当在法定的办案期限内及时依法处罚，不得久拖不决。坚持及时原则，既是严格办案的要求，又是进行调解处理的需要。因此，公安机关及时进行调解，是严格执行法律规定的办案程序，否则就是违法行为。另外，从对违反治安管理行为人的惩戒和震慑作用来看，也要求公安机关在办理案件过程中，实施调解工作时必须做到及时。

六、教育原则

教育与处罚相结合是办理治安案件、实施治安管理处罚的基本原则之一。治安调解应当通过查清事实、讲明道理，指出当事人的错误和违法之处，教育当事人自觉守法并通过合法途径解决纠纷。

公安机关对因民间纠纷引起的治安管理行为的行政案件进行调解，必须坚持说服教育的方法，其目的就是查清事实、讲明道理，指出当事人的错误和违法之处，最终教育当事人自觉守法，不再继续违反治安管理。凡是通过调解的方式能够解决当事人之间的纠纷，就不再采取治安处罚的手段进行处理。纠纷发生之时或稍后，当事人往往情绪激动、行为过激，很难完全自愿接受调解，只有通过民警的教育疏导工作，才会认识到自己的过错，进而接受调解处理。事实证明，民警在调解过程中，坚持以疏导教育为主、批评指正为辅和防止矛盾激化原则，能有效发挥调解一案、教育一片、引导一方的积极作用。

第三节　治安案件现场调解

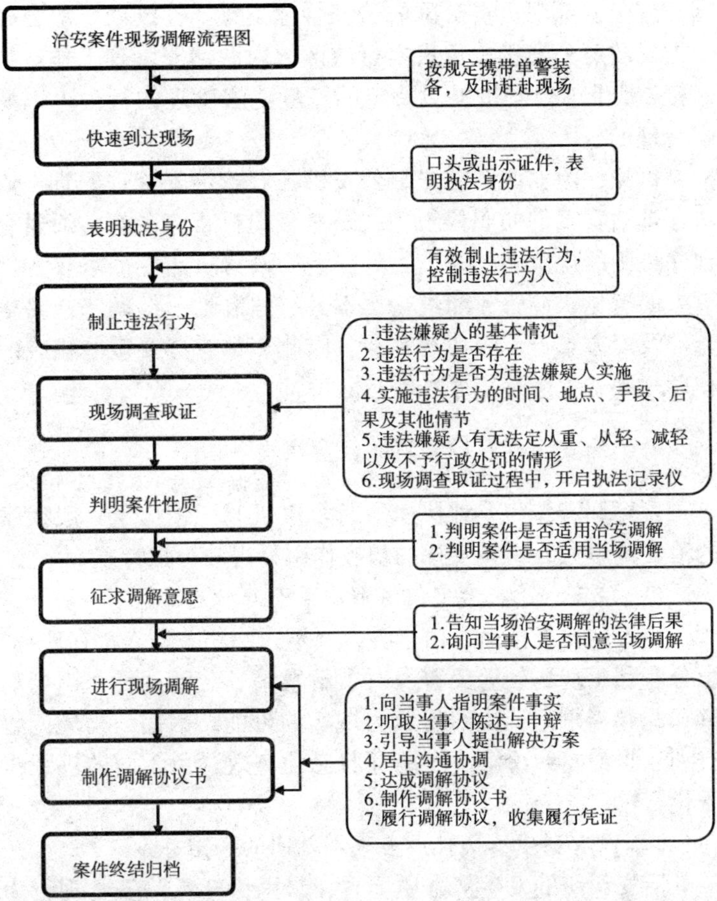

治安调解虽然不是具体行政行为，当事人不能就此提起行政复议和行政诉讼，但应是公安机关的职权行为，与公权行使相关，准确地讲是行政相关行为和准行政司法行为。维护社会治安秩序、制止危害社会治安秩序的行为，是《人民

警察法》赋予人民警察的任务与职责权限；规范和保障公安机关及其人民警察依法履行治安管理职责，是《治安管理处罚法》的立法目的之一。《治安管理处罚法》第 7 条规定，国务院公安部门负责全国的治安管理工作，县级以上地方各级人民政府公安机关负责本行政区域内的治安管理工作；第 9 条又赋予了公安机关对特定的违反治安管理的行为可以调解处理的权力。

可见，治安调解首先是公安机关履行治安管理职责、依法办理治安案件的职权行为。既然是职权行为，就必须要有程序规则的规范和约束。另外，治安调解虽然要征求双方当事人的意见，调解才能进行，不具有强制性，但调解结果毕竟涉及双方当事人的切身利益，因此非常有必要遵循相应的程序规则。程序是法律的生命形式。

一、治安案件现场调解的社会意义

现场调解作为一种快速纠纷解决机制，相比于一般程序的治安调解而言，其发挥的积极作用显得较为独特。

（一）有利于把治安纠纷解决于萌芽状态

治安纠纷发生后，由于各方当事人、相关证人都在现场，十分有利于现场处警民警及时了解案情、分清责任，当场劝解和疏导当事人解决纠纷成为现实的可能。因而，当场调解有利于将治安纠纷解决于萌芽状态，有效避免矛盾的进一步激化。

（二）有利于尽快促成当事人之间的和谐关系

治安纠纷的发生从本质上看，是因为违反治安管理行为人的行为打破了原本处于稳定状态下的人身、财产关系的平衡。通过现场调解，双方当事人解开心结、互谅互让，使得这种被打破的平衡在第一时间内得以恢复，使治安纠纷止于萌芽状态，有利于促进人与人之间的和谐关系。反之，如果治安纠纷不能当场解决，仇恨的心理可能随着时间而积淀，这显然不利于化解矛盾、解决纠纷，甚至可能促使受处罚的当事人产生复仇心理而埋下治安隐患。

（三）有利于最大限度地降低当事人解决纠纷的资源消耗

首先，现场调解可以避免耗费大量的时间、精力和金钱；其次，民警对当事人之间的纠纷调解，无需当事人缴纳任何费用，只要各方当事人同意，现场调解就可以进行；最后，现场调解旨在当场解决问题，各方当事人无需花费费用聘请律师代理，只需在民警的主持下达成调解协议。对于当事人而言，现场调解最大限度地降低了解决问题的成本。

（四）有利于最大限度地降低公安机关的办案成本

首先，普通治安调解程序较为严格，调解时需要制作调解笔录，事后还要制作《调解协议书》，并对案件材料进行整理装订，而现场调解一般而言只需在现场查清事实，促成当事人达成协议后当场填写《现场治安调解协议书》，协议书备查即可，相对简单易行。其次，现场调解当场对治安案件作出了结，无需呈批案件，节约了大量的人力、物力，大大降低了执法成本。最后，由于现场调解成功与否实际上取决于各方当事人，公安机关主持现场调解的行为不属于具体行政行为，不具可诉性，公安机关减少了应对行政复议和参与行政诉讼的费用。

二、治安案件现场调解的适用条件

根据《公安机关办理行政案件程序规定》第 178 条规定，对情节轻微、事实清楚、因果关系明确，不涉及医疗费用、物品损失或者双方当事人对医疗费用和物品损失的赔付无争议，符合治安调解条件，双方当事人同意现场调解并当场履行的治安案件，可以现场调解，并制作调解协议书。理解治安案件现场调解的适用条件，应注意把握以下六个方面：

1. 符合治安调解的一般条件；

2. 情节轻微；

3. 事实清楚、因果关系明确；

4. 不涉及医疗费用、物品损失或者双方当事人对医疗费用和物品损失的赔付无争议；

5. 双方当事人同意现场调解并能够当场履行；

6. 当事人中有不满16周岁的未成年人、聋哑人、精神病人或者少数民族、外国人等需要翻译的人员，不适用当场治安调解。

三、治安案件现场调解的程序规范

完整、规范的治安案件现场调解应当包括以下几个环节：

（一）快速到达现场

按规定携带单警装备，及时赶赴现场。

（二）表明执法身份

口头或出示证件，表明执法身份。

（三）制止违法行为

立即制止正在进行的违法行为，控制违法行为人。

（四）现场调查取证，具体内容包括：

1. 违法嫌疑人的基本情况；

2. 违法行为是否存在；

3. 违法行为是否为违法嫌疑人实施；

4. 实施违法行为的时间、地点、手段、后果及其他情节；

5. 违法嫌疑人有无法定从重、从轻、减轻以及不予处罚的情形；

6. 在现场调查取证过程中开启执法记录仪。

（五）判明案件性质

1. 判明案件是否适用治安调解；

2. 判明案件是否适用现场调解。

（六）征求调解意愿

1. 告知当事人当场治安调解的法律后果；

2. 询问当事人是否同意现场调解。

（七）进行现场调解

1. 向当事人指明案件事实；

2. 听取当事人陈述与申辩；

3. 引导当事人提出解决方案；

4. 居中沟通协调；

5. 达成调解协议。

（八）制作调解协议书

1. 现场调解达成协议的，应当制作《现场治安调解协议书》，载明治安调解机关名称，调解主持人、双方当事人和其他在场人员的基本情况，简要案情，协议的内容及履行方式，现场履行情况等内容，由双方当事人签名、捺指印。当事人拒绝签名、捺指印的，视为调解不成。当事人基本情况、主要违法事实和协议内容在现场录音录像中明确记录的，不再制作调解协议书。

2. 交付当事人核对、签名。

3. 民警签名，记录当场履行情况。

4. 收集当场履行凭证。

（九）案件终结归档

现场调解结案的治安案件，可以不制作卷宗，但办案部门应当将《现场治安调解协议书》按编号装订存档。

第四节　治安案件一般调解

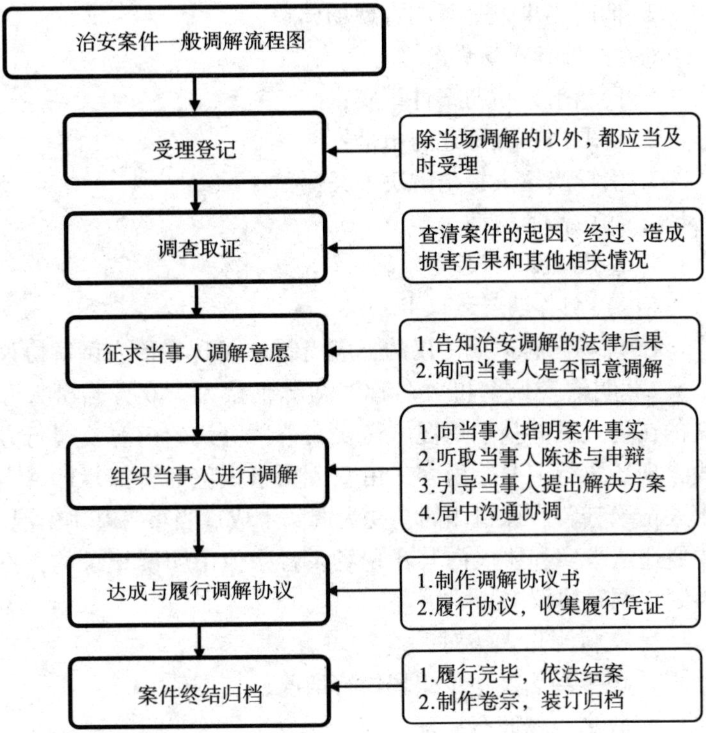

一、受理登记

公安机关对报案、控告、举报、群众扭送、违反治安管理行为人投案、其他行政主管部门或者司法机关移送的可调解治安案件，以及公安机关及其民警在日常执法执勤中发现的可调解治安案件，除现场调解的以外，都应当及时受理，在《受案登记表》上进行登记。

二、调查取证

公安机关对属于本单位管辖范围内的可调解治安案件，应当立即展开调查取证，查清案件的起因、经过、损害后果和其他相关情况。

（一）调查人身伤害情况

公安机关对涉及人身伤害的案件，应当在案件受理后8小时内开具《验伤通知单》，告知被伤害人在12小时内到指定医疗机构进行验伤。必要时，公安机关可以派员陪同、看护被伤害人验伤。被伤害人书面声明拒绝验伤的，公安机关可以根据已经认定的事实作出处理决定。被伤害人无正当理由逾期不到指定医疗机构验伤的，视为拒绝验伤。《验伤通知单》和其他卫生行政主管部门许可的医疗机构具有执业资格的医生出具的诊断证明，可以作为公安机关认定人身伤害程度的依据，但有下列情形之一的，应当由法医进行伤情鉴定：一是受伤程度较重，可能构成轻伤以上伤害程度的；二是当事人要求做伤情鉴定的；三是当事人对伤害程度有争议的；四是其他应当做伤情鉴定的情形。

这里所称的“医疗机构”，是指辖区内的二级以上医院，若辖区内没有二级以上医院，须到邻近辖区的二级以上医院验伤；路途较远或者交通不便的，公安机关可以结合案件的具体情况，将其他卫生行政主管部门许可的医疗机构具有执业资格的医生出具的诊断证明作为认定人身伤害程度的依据。

（二）调查涉案物品价值

涉案物品价值不明或者难以确定的，公安机关应当委托价格鉴定机构予以估价。根据当事人提供的购买发票等证据能够认定涉案物品价值的或者当事人对涉案物品价值无争议的，公安机关可以不进行价格鉴定。

三、征求当事人调解意愿

经调查取证，案件事实清楚、证据确凿、责任清晰，且符合适用调解的条件，公安机关拟调解处理的，应当向当事人说明法律规定，征求当事人是否同意调解的意见。当事人愿意调解的，应当要求其提交调解申请书或者在笔录中予以记录。不愿意调解的，应当要求其提交有关声明或者在笔录中予以记录。在笔录中记录的应当要求当事人签名确认。当事人不具有完全民事行为能力的，其调解意愿以其法定代理人的意见为准。

四、组织当事人进行调解

调解由民警主持，各方当事人参加，必要时可以邀请当事人所在单位、居（村）委干部或者其他与此案无关的群众参加，当事人委托代理人代表其参加调解的，须向公安机关提供由当事人本人签名并载明委托事项和权限的授权委托书；对当事人在调解过程中提供的证据，公安机关应当调查核实；主持调解的民警应当维护好现场秩序，对故意侮辱人格、现场哄闹等影响调解秩序的行为应当立即制止，直至责令行为人离开调解现场，构成违反治安管理行为的，依法追究其法律责任；调解治安案件应当制作《治安案件调解笔录》，记录各方当事人的要求、调解过程和结果等情况，未达成协议的，应当记录原因；经调解达成协议的，应当另行制作《治安案件调解协议书》，当事人各执一份，公安机关存档备查一份；有经济赔偿的，应当在履行后由被赔偿人出具收条，赔偿人执一份，公安机关存档备查一份。

调解一般为一次，必要时可以增加一次。对明显不构成轻伤、不需要伤情鉴定，以及损毁财物价值不大，不需要进行价值认定的治安案件，应当在受理案件后的 3 个工作日内完成调解；对需要伤情鉴定或者价值认定的治安案件，应当在伤情鉴定文书和价值认定结论出具后的3个工作日内完成调解。对一次调解不成，有必要再次调解的，应当在第一次调解后的7个工作日内完成。法律、法规、规章对调解期限另有规定的，从其规定。

五、达成与履行调解协议

（一）制作调解协议书

治安调解达成协议的，在公安机关主持下制作《治安调解协议书》，双方当事人应当在协议上签名，并履行协议。《治安调解协议书》是公安机关对特定的违反治安管理行为依法进行治安调解达成协议时所制作和使用的具有法律效力的法律文书。《治安调解协议书》一式三份，双方当事人各执一份，治安调解机关留存一份附卷备查。《治安调解协议书》应当包括以下内容：

1. 治安调解机关名称，主持人、当事人和其他在场人员的基本情况；

2. 案件发生的时间、地点、人员、起因、经过、情节、结果等情况；

3. 协议内容、履行期限和方式；

4. 治安调解机关印章，主持人、当事人及其他参加人签名、印章（捺指印）。

（二）履行调解协议

调解结果应当及时履行，约定履行期限，调解协议履行期满3日内，办案人员应当了解协议履行情况。对已经履行调解协议的，应当及时予以结案。

（三）对调解不成的处理

对调解未达成协议或者达成协议后不履行的，公安机关应当对违反治安管理行为人依法予以处罚；对违法行为造成的损害赔偿纠纷，应当告知当事人可以向人民法院提起民事诉讼。调解不成再进行治安管理处罚的，办案期限从调解未达成协议或者调解达成协议不履行之日起开始计算。

六、案件终结归档

治安案件调解终结后，应当将《受案登记表》、调查材料、《治安案件调解笔录》、《治安案件调解协议书》等有关材料按照治安案件档案管理规范要求及时装订归档。

第五节 治安案件委托人民调解

为充分发挥人民解调工作的独特优势和职能作用，做好公安行政解调与人民调解的衔接配合，实现治安案件处理的法律效果和社会效果的统一，应根据《治安管理处罚法》《人民解调工作若干规定》《公安机关办理行政案件程序规定》，以及上海市公安局、上海市司法局制定的《关于治安案件委托人民调解的若干意见》的相关规定执行。所谓治安案件委托人民调解，是指公安派出所对于情节较轻的，因民间纠纷（发生在公民与公民之间、公民与法人和其他社会组织之间涉及人身权利、财产权利的各种纠纷，如因婚姻、赡养、抚养、抚育、继承、债务、房屋宅基地、邻里、损害赔偿等引起的民间纠纷）引起的打架斗殴或者损毁他人财物等违反治安管理行为，根据当事人申请委托人民调解委员会进行调解。

一、委托人民调解的社会功能

公安机关委托人民调解，是指公安机关将有管辖权的，适用调解条件的治安案件与道路交通事故损害赔偿案件，根据各方当事人申请，依据规定程序，委托人民调解委员会以其名义进行调解。人民调解是人民群众自我教育、自我管理、自我服务的重要制度，《人民调解法》的颁布施行，对于及时、高效、妥善地调处民间纠纷、化解内部矛盾、预防违法犯罪、增进人民团结、维护社会安定、促进社会和谐必将发挥更加重要的作用。

（一）构建大调解体系，促进经济社会和谐发展

新形势下的社会矛盾纠纷具有交叉性、复合性、相关性不断增强的特点，将人民调解、行政调解、司法调解有机结合起来，形成一个综合性强、权威性高、公信力大的多元化矛盾纠纷调处机制，是化解社会矛盾纠纷的必然要求。但目前，人民调解、行政调解、司法调解发展不平衡，衔接不紧密，存在单兵作战、各自为政的局面。国务院于 2010 年 10 月 10 日公布的《关于加强法治政府建设的意见》，提出要“健全社会矛盾纠纷调解机制”，要“推动建立行政调解与人民调解、司法调解相衔接的大调解联动机制，实现各类调解主体的有效互动，形成调解工作合力”。公安机关委托人民调解是构建人民调解、行政调解、司法调解相结合，实现行政调解与人民调解相衔接的多元化矛盾纠纷解决机制的创新举措，对于维护社会和谐稳定具有重要意义。

（二）缓解公安警力不足，提高公安机关行政效能

公安行政调解大包大揽的社会管理方式，以及群众“有困难找警察”的思维定式，形成了无论是民事纠纷还是治安纠纷，公安机关都要全部受理的局面。这不仅影响了公安机关的行政效能，而且一旦处理不当，极易引发群众对公安机关的不满，甚至导致矛盾的叠加和转移，不利于社会稳定。中央社会治安综合治理委员会、最高人民法院、最高人民检察院、国务院法制办公室、公安部等 16 部门于 2011 年 4 月 22 日印发了《关于深入推进矛盾纠纷大调解工作的指导意见》，指出“公安机关 110 报警服务台对接报的可以进行调

解的纠纷，及时通过大调解组织分流到相关责任单位进行处理”。公安机关委托人民调解机制的建立，有利于释放公安警力，有效提高公安机关履行防范、打击违法犯罪，以及其他社会管理与服务职能。

二、委托人民调解的适用范围

准确把握公安机关委托人民调解适用的条件与范围是做好委托人民调解的前提与基础。根据现有法律、法规与政策规定，公安机关委托人民调解应当考量三个因素：一是适用公安行政调解范围，二是适用人民调解范围，三是委托人民调解应当更有利于化解矛盾纠纷，即“能为、可为与效益最大化”。公安机关将治安案件委托人民调解应当具备三个条件：一是起因条件，即案件的起因是民间纠纷。民间纠纷是指公民与公民之间因为民事权益之争而引发的各种涉及财产权和人身权的纠纷。二是情节条件，即违法或犯罪行为情节较轻。情节的轻重可以根据行为的动机、目的、手段、方法、实施时的环境与时间以及损害的结果、认错态度等方面综合加以考虑。三是意愿条件，即必须是双方当事人愿意调解，并且愿意委托人民调解。如果双方当事人都不愿意调解或有一方不愿意调解，就不能强行调解。同时，根据《治安管理处罚法》《公安机关办理行政案件程序规定》《公安机关治安调解工作规范》等相关法律法规的规定，有下列情形之一的，不应当委托人民调解：一是雇凶伤人、涉黑涉恶、寻衅滋事、聚众斗殴及其他恶性案件；二是行为人系累犯，或系被判处管制、剥夺政治权利、宣告缓刑、裁定假释、监外执行（含保外就医）的社区服刑人员；三是多次伤害他人身体或致多人轻微伤的；四是携带凶器伤害他人的；五是公安部门认为其他不宜委托人民调解的。这些都是治安案件情节较轻的排除性情形。

三、委托人民调解的程序规范

委托人民调解的启动必须满足三项要件：一是可以委托，即案件适用委托调解；二是愿意委托，即当事人在知悉委托调解法律后果的基础上，愿意将案件委托人民调解；三是适宜委托，即最大限度地实现社会效果与法律效果。因此，即使当事人合意进行委托人民调解，但公安机关认为不宜委托的，委托人民调解的程序也无法启动。以刑事（轻伤害）案件为例，公安机关委托人民调解的程序包括案件接报、条件审核、办理委托、监督指导等。调解的深刻价值在于当事人的自愿性与自我主导的调解过程，而非成功率。片面追求行政处罚与刑事责任“压迫”下的非自愿性调解的成功率，不仅偏离了调解价值取向，与群众自治的精神实质相背离，也难以达成真正平等、公平的调解协议。因此，规范的公安行政调解与委托调解程序是当事人实现公平正义的重要保证。同时，公安机关作为委托的主体，不能“一托了事”，在人民调解过程中，作为制度的实行者，还应积极发挥专业优势，指导与监督人民调解委员会的调解进程。

上海市公安局、司法局《关于治安案件委托人民调解的若干意见》规定了治安案件委托人民调解的基本流程，主要包括五个环节：

1. 治安案件受理。

2. 符合委托条件的，告知双方当事人权利。

3. 当事人被告知权利后，愿意委托的，24 小时内提交《人民调解申请书》。

4. 公安机关及时委托，并向人民调解委员会移送材料。包括：公安派出所出具的《案件委托人民调解联系函》；双方当事人提交的《人民调解申请书》；报案人、被害人询问笔录复印件；加害人询问笔录复印件；证人询问笔录复印件；

验伤单、司法鉴定意见书等证据材料复印件。

5. 人民调解委员会进行调解。

同时，根据上海市公安局、司法局《关于治安案件委托人民调解的若干意见》第 8 条规定，调解和履行调解协议的期限合计不得超过 30 个工作日；第 12 条规定，人民调解委员会应当在规定的期限内完成调解工作，并在结案后 3 个工作日内将案件调处情况反馈公安派出所。达成调解协议并履行的，人民调解委员会还应当将《人民调解协议书（副本）》和《人民调解协议履行情况记录》等材料移送公安派出所。

根据《公安机关办理行政案件程序规定》第 186 条规定，当事人申请人民调解或者自行和解，达成协议并履行后，双方当事人书面申请并经公安机关认可的，公安机关不予治安管理处罚，但公安机关已依法作出处理决定的除外。

第六节　治安调解的法律效力

所谓法律效力，从广义上说，是指法律约束力和法律强制性，依法作出的法律文件（如裁定书、判决书）都具有法律效力，非经法定程序，任何单位和个人都不能变动、废弃或抗拒执行。法律效力还表现为一种拘束力、强制力和救济力。法律效力不仅对一般公民、法人有效，而且对执法机关、司法机关及其工作人员也有效。治安调解的法律效力直接关系到双方当事人权利保护的权威性，以及对公安机关的制约程度。

一、法律效力的概念界定

从相关法律规定可知治安调解具有一定法律效力，只是不具备强制性和权威性。“具有一定法律效力”的理解是治安调解的法律效力主要体现在对当事人和公安机关的效力上。

第一，对当事人的效力。主要表现在三个方面：一是治安调解不能强制，当事人可以选择调解，也可以拒绝调解，还可以直接要求公安机关进行治安处罚；二是治安调解不具有强制执行力，当事人经调解后又反悔的，公安机关不能强制执行；三是当事人对治安调解不服，不能提起行政复议和行政诉讼，这和属于具体行政行为的治安处罚是有根本区别的。

第二，对公安机关的效力。主要是对公安机关的行政处理产生影响，主要包括两个方面：一是治安调解成立后，当事人履行完协议，公安机关就不能对当事人的违反治安管理行为再作出治安处罚；二是经治安调解，双方当事人没能达成协议，或达成协议没有履行，公安机关必须对其作出治安处罚。治安调解并非没有法律效力，通过上述分析可知，治安调解具有一定程度的法律效力，只是治安调解的法律效力不具有强制性和权威性。如果双方当事人没能达成协议，或达成协议后不自觉履行的，公安机关必须对其作出治安处罚，即回到了案件调解处理以前的状态和处理方式。

二、治安调解法律效力的现行规定

我国目前对治安调解法律效力的规定主要集中在《治安管理处罚法》《公安机关办理行政案件程序规定》等仅有的几部法律法规中，规定的内容比较模糊，未明确规定治安调解法律效力的实施保障措施。《治安管理处罚法》第 9 条规定："经公安机关调解，当事人达成协议的，不予处罚。经调解未达成协议或者达成协议后不履行的，公安机关应当依照本法的规定对违反治安管理行为人给予处罚，并告知当事人可以就民事争议依法向人民法院提起民事诉讼。"

《公安机关办理行政案件程序规定》第 185 条规定："调

解达成协议并履行的，公安机关不再处罚。对调解未达成协议或者达成协议后不履行的，应当对违反治安管理行为人依法予以处罚；对违法行为造成的损害赔偿纠纷，公安机关可以进行调解，调解不成的，应当告知当事人向人民法院提起民事诉讼。调解案件的办案期限从调解未达成协议或者调解达成协议不履行之日起开始计算。”

同时，《公安机关治安调解工作规范》第 10 条规定：“治安调解达成协议的，在公安机关主持下制作《治安调解协议书》（式样附后），双方当事人应当在协议书上签名，并履行协议。”第 12 条规定：“调解协议履行期满三日内，办案民警应当了解协议履行情况。对已经履行调解协议的，应当及时结案，对没有履行协议的，应当及时了解情况，查清原因。对无正当理由不履行协议的，依法对违反治安管理行为人予以处罚，并告知当事人可以就民事争议依法向人民法院提起民事诉讼。”正是由于法律法规对治安调解法律效力的规定不明确，导致在理论界和实务界对治安调解的法律效力问题产生了较大的争议。

三、治安调解法律效力的理论探究

（一）理论界对治安调解有无法律效力的争议

对于治安调解的法律效力，学术界探讨较少，不是研究的重点。总体来讲，学者对于治安调解法律效力的观点可以分为两类。第一种观点认为治安调解没有法律效力。现行制度规定调解协议没有法律效力，当事人随时可以反悔，有权向人民法院起诉，起诉后调解协议就成为一纸空文。持该观点的学者认为治安调解往往出现投入大产出小、耗神劳心不见效、费力不讨好的现象，使得有些民警不愿意做这项工作，从而浪费了有限的治安调解制度资源，也不利于培养公民的诚信守约意识。第二种观点认为治安调解具有法律效力或者具有一定的法律效力。持该种观点的学者认为治安调解是具有法律效力的，只是治安调解缺乏强制性，不利于提高行政执法效率。由于治安调解的法律效力不具有强制性和行政权威性，调解协议缺乏对当事人的约束，民警在经过耐心细致的教育和劝导工作后，往往因治安调解没有强制执行力而徒劳，导致部分民警不愿意调解治安案件。当事人则因为治安调解不具有强制执行效力而出尔反尔，拒绝履行，或重新选择民事诉讼，造成执法成本的浪费，影响案件处理的效率。

（二）实务界对治安调解法律效力的理解

实务界认为，治安调解不同于行政处罚，没有强制力，法律效力也是有限的。治安调解是否具有法律效力并不取决于公安机关，而是要依赖于双方当事人自愿达成调解协议并在期限内自动履行调解协议。由此可见，治安调解虽然是公安机关处理治安案件的一种法定方式，但更是治安案件双方当事人处分自己权利的一种结果，在实践中应当加以区别，正确对待。一是对双方当事人自愿达成调解协议并在期限内履行完毕的，公安机关应当予以结案，不能再就同一事实进行查处，当事人一方也不能就同一事项要求公安机关对违法行为人作出治安处罚。二是调解不成的，应当及时依法作出治安处罚决定，并告知当事人可就民事争议向人民法院起诉。对于调解不成的，在执法实践中主要有以下几种：其一，当事人不愿意接受调解；其二，经调解双方当事人无法达成治安调解协议；其三，虽然治安调解达成了协议，但是当事人一方或双方拒绝在调解协议书上签名；其四，双方当事人虽然在公安机关主持下制作并签署了治安调解协议书，但在履行前一方反悔而使调解协议无法顺利履行，这里包括违法行为人积极履行协议而受害人不接受和违法行为人无正当理由不按期限履行调解协议两种情况。所以在实务界，绝大部分民警认为治安调解具有一定的法律效力，但这种效力亟待完善和加强，需提供相应的实施途径。

（三）履行完毕的治安调解协议书具有法律效力

公安机关调解治安案件，坚持合法、自愿、公正等原则。自愿原则贯穿治安调解全过程，包括调解程序的启动、调解协议的达成与履行等，在此过程中，当事人可以自愿选择退出、终止调解程序，然而依法履行完毕的治安调解协议，对当事人具有约束力，当事人反悔的不予支持。以《调解认赔后反悔，诉至法院被驳回》[①] 为例，说明治安调解协议书具有民事合同性质，具有法律效力，当事人应当按照协议约定，诚实守信地行使权利、履行义务。

1. 简要案情。2015 年 8 月，小文与小刚签订房屋租赁合同，约定租金每月 4000 元，押金 5000 元，并写明：合同终止时，若经双方清点检查物品存在损坏短缺情况应照价或酌情赔偿，使用不当损坏房屋或设施的应负责修复原状或予以经济赔偿，做好卫生清洁等事项。一年后，小文上门收房，刚进门就气不打一处来，“房间里杂乱不堪，电视背景墙纸全部撕坏，小孩的房间墙面用彩色笔涂得乱七八糟，客厅一台 40 寸彩电被弄坏，餐厅的地板有多处压痕，已经没办法修复”。据小文陈述，房子是 2014 年装修的，交房时特意交代小刚要爱护房屋。“没想到现在变成这样，我当下就和一起来的租房中介核算了整个房屋损失以及保洁维修等费用，差不多 5000 元。”听闻小文不愿意退还押金，小刚索性将铺盖一横，摆出一副不拿到押金誓不搬走的架势。随后双方由口角争执升级至肢体冲突。“他摔了我家客厅的椅子，还把我的手机摔在地上，当时整个手机屏幕都碎掉了，我当即报了警。”小文说。次日，民警告知小刚，其涉嫌故意损毁他人

---

① 案例来源：苏州虎丘法院微信公众号，《调解认赔后反悔，诉至法院被驳回》，2018 年 8 月 16 日。

财物，准备对其进行行政拘留处罚时，小刚随即主动提出和解，后双方在民警和人民调解员的见证下，签订了一份治安调解协议书。

2. 调解结果。经公安民警的调解，小文和小刚达成了协议，并签订了治安调解协议书。

苏州市公安局某分局派出所出具的治安调解协议书载明，双方自愿达成如下协议：(1) 经双方协商对打架事宜不予追究；(2) 小刚赔付小文手机及室内物品损坏修理等费用 7000 元；(3) 此事到此全部结束，再无任何纠葛。当场，小刚支付了小文 2000 元，其在租赁房屋时交纳的押金 5000 元折抵相应的赔偿款。

3. 信访回复。没拿到押金还赔了钱，满心愤懑的小刚之后向相关政府网络平台投诉，称自己被限制了人身自由，是被迫无奈才签了协议。

苏州市公安局回复称："民警在查明案情后，依法告知双方当事人，因系民事纠纷引起的治安案件可以自愿调解，不调解的，公安机关将依法对违法人员进行处罚。案发当日，双方调解不成，受害人小文即返回，民警开展调查取证工作。次日上午，民警依法告知小刚涉嫌故意损毁他人财物，公安机关将依照《治安管理处罚法》的规定，准备对其进行行政拘留处罚。小刚在了解上述情况后主动提出再与对方进行调解，后与对方达成合解，双方在民警和人民调解员的见证下签订了《治安调解协议书》，并现场履行赔付。民警将小刚在传唤时间内放出。"

4. 判决结果。然而至此，小刚依然认为这份调解协议无效，并向人民法院提起诉讼。法院审理认为：

(1) 依法签订的协议对当事人具有法律效力，当事人应当按照协议约定诚实守信地行使权利、履行义务。本案中，原告小刚租赁他人房屋，合同到期后应及时将租赁房屋恢复原状并交还房屋所有权人，对于给租赁房屋造成的损坏应当按照约定进行修复或折价赔偿，双方发生争议应当理性处理，若无法达成一致意见，应通过法律途径予以解决，而不应演化为进一步损坏财物、殴打他人的情形。

（2）治安调解协议书不违反法律规定，原告要求判令治安调解协议书无效的主张缺乏事实和法律依据。本案中，原、被告签署的治安调解协议书不违反法律规定，原告小刚作为完全民事行为能力人，理应对治安调解协议书内容有明确清晰的认知，其自行签字确认并按约履行完毕赔付义务，并未举证该治安调解协议书存在依法应认定为无效或可撤销的情形，其要求判令治安调解协议书无效的主张缺乏事实和法律依据。原告小刚作为承租人，给租赁房屋造成了损坏，应当按约承担相应的赔偿义务，不应拒绝赔偿后又再次给被告造成其他财物的损坏，并发生打架事宜，进一步扩大被告的财产损失。而且被告小文在调解过程中，也做出了适度让步，原告对被告的财物赔偿金额并未显失公平。

（3）原、被告基于损害事实达成赔偿协议并依法履行，不属于不当得利法律关系。派出所依照法律规定将纠纷当事人带回派出所进行调查、调解，并告知相关治安处罚的适用情形及相应后果系正当职责，并非进行胁迫也无法强迫原告签署治安调解协议书。针对原告主张被告退还基于不当得利产生的赔偿款 5000 元，承办法官指出，“不当得利系指没有合法根据取得不当利益、造成他人损失的，应当将取得不当利益返还受损失的人，但本案中，原、被告基于损害事实达成赔偿协议并进行履行，不属于不当得利法律关系”。法院最终驳回原告小刚的诉讼请求。

第七节　治安调解的策略与方法

治安纠纷当事人形形色色，其思想素质、生活环境、性格等方面各不相同。在调解纠纷时，必须掌握解决纠纷的有效方法，而不是抽象的说教。既要让当事人心悦诚服，还要通过纠纷调解教育其他相关人员。这就要求民警必须讲究做双方当事人思想工作的技巧和调解艺术，充分体现调解方式的灵活性，从维护人民群众切身利益的角度出发，根据不同的对象和案情，找准症结，拓宽思路，寻找利益平衡点，为缓解、调处矛盾创造一个良好的气氛。治安调解工作可以从以下几方面开展：

一、冷却宣泄

冷却宣泄，就是先给情绪对立的当事人创造一个冷却并便于宣泄的机会，然后因势利导，化解矛盾。治安纠纷案件当事人刚来派出所时，往往不能很好地控制自己的情绪，表现出对立情绪，甚至把怨气发泄到民警身上。此时，民警要保持头脑冷静，可以采用冷却宣泄法把双方分开，让双方当事人平静下来。待情绪得到缓解后，再动之以情，晓之以理，开展疏导工作，让双方当事人自愿接受处理。冷却宣泄法有助于调理大脑皮质功能，对心理紊乱、压抑、反抗、破坏心理等治愈率颇高。实践证明，当人的心理处于紊乱、压抑、反抗，甚至极端对立的状态时，可以先“冷处理”，然后向值得信任的好友倾诉，或是在适当地方大叫一声、痛哭一场，抑或适当地发脾气，都可以宣泄内心的郁积，摆脱恶劣的心境。当然，宣泄应该适度，以让对方接受为前提。采用“冷处理”方法开展疏导工作时，通常有两种基本方式可供选择：

一是宜解不宜结。这种方式主要适用于因邻居关系、同事关系发生的民事纠纷而引起的治安案件。邻里纠纷多是因相邻土地通行、用水、排水、公共场地使用、环境保护、采光、通风等矛盾引起的；同事之间可能会因为工作、调动、升迁、住房、福利等问题而引发治安案件。在解决这类问题时，应本着维护团结的目的进行教育疏导，使双方当事人各做自我批评，缓和矛盾，促使双方重新和好。

二是宜和不宜激。主要适用于因恋爱、婚姻、家庭内部纠纷等引发的治安案件。男女之间在恋爱或订婚时，往往会有金钱往来，一旦恋爱不成、婚约失效便会因追索钱财礼物而发生纠纷；夫妻之间会因婚姻存续、子女抚养和财产分割等方面产生纠纷；家庭内部成员之间也会在财产、继承、赡养、抚养、抚育等方面引发纠纷。考虑到冲突双方的特殊关系，应多做双方思想工作，缓和对立情绪，再摆事实、讲道理，以理服人、以法服人，维护婚姻家庭关系的稳定。

此外，在调解出现僵局时，可以采取迂回战术，找到双方当事人的亲戚朋友或者比较信任的人，让他们出面做积极的劝解工作，化解矛盾。这也是一种行之有效的好办法。

二、释法解疑

在调解过程中，调解人要把法制教育寓于调解之中，使当事人切实增强法律意识和法制观念，不仅问题本身会朝着好的方向发展，还能为今后的和谐相处打下坚实基础。如果不解决当事人法律意识淡薄的问题，事件就会朝着坏的方向发展。民警参与治安调解工作，首先要有法律宣传意识。要结合治安案件事实本身的特点宣传法律法规，结合治安管理处罚法，讲明事实，分析责任。要通过宣传给双方当事人以法律震撼，让当事人警醒，开始思考自己的违法行为对社会、对法律、对他人的侵害。教育当事人遵纪守法，尊重社会公德。调解并不等同于无原则的“和稀泥”，也不能“各打五十大板”，必须建立在公平合法的基础上，促成当事人自愿和解。当事人对治安调解结果的不合理预期和不理性行为是影响调解的最重要因素。为此，办案民警在调解过程中的释法解疑应当做到“三性”：

一是全程性。办案民警在案件的受理、立案、调查、调解和协议书的制作等各个工作环节中，都应对当事人进行有针对性地释法解疑。尤其是要告知当事人“调解达成协议并履行的，公安机关不再处罚。对调解未达成协议或者达成协议后不履行的，公安机关应当对违反治安管理行为人依法予以处罚；对违法行为造成的损害赔偿纠纷，应当告知当事人向人民法院提起民事诉讼”等法律条文的具体内容，让其对治安纠纷调解的法律结果有一个充分的心理准备，并在行为上作出理性的选择。

二是主动性。办案民警要积极履行主导调解的职责，结合调解不同阶段的特点，主动地开展说明、说理和说服工作，引导调解活动顺利进行，而不能仅限于当事人的异议或疑问被动地应对。

三是目的性。释法解疑的目的不局限于推动案件本身的顺利终结，“释法”是为了“解疑”，“解疑”是为了使当事人更好地行使权利、实现实体权利。

三、细节取信

细节决定成败。民警在调解时必须意识到自己的一言一行都可能直接影响当事人的心态，因此，在调解时应当察言观色，对每一个细节都要谨小慎微，以诚相待，取信于民。

一是动之以情。民间纠纷是人民群众内部发生的可调解、可谅解、能包容的一般性矛盾，这类矛盾一般可以通过理性教育和情感沟通进行化解。在治安案件调解过程中，首先要理解双方当事人的情感，理解其发生纠纷及纠纷后的心理，包括对违反治安管理一方的违法心理和情感的理解，对受到侵害一方的情感的理解，在此基础上，对当事人讲人之常情，讲邻里交情，讲宽容谅解他人之情。要根据当事人之间的不同关系分析邻里间相互关照的交往之情，兄弟姐妹的手足之情，血浓于水的养育之情，引起当事人感情上的共鸣，达到当事人与民警之间、当事人与当事人之间感情融洽的目的。再通过说服教育，劝解双方当事人互相谅解，从而消除隔阂，息事宁人，使双方当事人握手言和。

二是晓之以理。治安案件调解工作的本质是群众工作，它要求民警站在当事人的角度，心为当事人所想，权为当事人所用，利为当事人所谋，话为当事人所说。其具体做法是：在调解过程中尽力为纠纷双方创造调解的条件；在生活上对他们的困难要予以关心和帮助；在思想上多加教育和引导。让当事人意识到情感的隔阂可以消除，暂时的困难容易解决。这样，通过对纠纷的调解，既化解了矛盾，又为群众办了好事，还教育了当事人，真正体现了民警与群众的鱼水之情。

四、示例析利

示例析利就是要在调解过程中通过真实案例或事例，对案件处理的各种可能性进行全面、系统的分析，让当事人正确处理眼前利益和长远利益、个人利益与集体利益、经济利益与道德情感利益等，从而做出更加明智的选择。主要做法与要求包括以下三点：

一是示之以例。现实中有很多处理方法得当化解矛盾的典型正面例子，也有因处理不当而使小的纠纷酿成严重不良后果的反面例子。民警应该掌握一些典型事例，作为宣传教育当事人的材料；也可以借助分析曾经调解过的案件，让当事人以案明理。

二是导之以义。有人说，“君子喻于义，小人喻于利”。义，是儒家文化的核心价值观念，是人际交往中不可缺少的精神因素，是千百年来凝聚着中华民族的精神力量。邻里之间、同事之间的相互交往如果缺乏“义”的精神及对“义”的认同，是很难和睦相处，极易产生隔阂与怨愤的。民警要善于借用中华民族的传统文化和人文精神，促成治安纠纷的解决。这样做，既是在解决个别治安案件，也是从长远角度培养当事人的人文精神，弘扬民族文化，构建和谐社会。

三是析之以利。治安纠纷案（事）件有一部分是因“利”而起或与“利”相关的，如财物的轻微损毁、因轻微伤害导致治疗费用的支出等。在治安案件调解中，一方面要在调解时尽可能在“利”的问题上公平处置，另一方面更要在利益认识上对当事人做思想工作。应该帮助当事人分析大利和小利、短时之利和长远之利；相互扯皮纠缠可能导致双方更大的经济损失甚至造成无法弥补的精神伤害。

第八节　案说“治安调解”

一、治安调解守原则，胡乱调解伤民心

（一）案情简介

2018 年 11 月 5 日下午，某超市雇用的外地民工沈某在搬运货物时不慎将顾客刘某的衣服碰脏，两人发生争吵。刘某大声辱骂沈某，并将旁边垃圾桶的垃圾倒在沈某身上，引起群众围观，超市经理齐某劝说未果遂打电话报警。派出所民警到现场后，让沈某先回家清洗，第二天与刘某一起到派出所处理。11 月 6 日，沈某与刘某来到派出所，办案民警称沈某必须提供超市的监控录像，否则不能处理。11 月 7 日、8 日、9 日，沈某多次到派出所要求处理，民警均以工作忙为

由推拖。11 月 11 日，在沈某的恳求下，齐某将超市案发当天的监控录像提供给派出所。11 月 20 日，民警受理案件后通知双方到派出所调解。沈某不同意，民警称：“不同意调解也行，但赔偿费恐怕你一分也拿不到。”沈某只好接受调解。调解中，刘某否认辱骂沈某，不同意赔偿沈某的损失。经民警向齐某及围观群众调查，证实了刘某的违法行为，刘某才同意赔偿沈某损失用共计1000元。沈某认为误工费计算错误，办案民警“和稀泥”地说：“你一天的工资也不多，对方又有权势，能拿到赔偿已经很不错了！”12 月 5 日，沈某与刘某签订了治安调解协议，收取了刘某的 1000 元赔偿金。

（二）基本问题

本案是否适用治安调解？指出公安机关处理本案时存在的问题。沈某不服调解决定，能否申请行政复议？

（三）案例解析

根据《治安管理处罚法》和《公安机关执行〈中华人民共和国治安管理处罚法〉有关问题的解释》的规定，对因民间纠纷引起的殴打他人、故意伤害、侮辱、诽谤、诬告陷害、侵犯隐私、损毁他人财物、非法侵入他人住宅等违反治安管理行为，情节较轻，适用调解更宜化解矛盾的，公安机关应当本着化解矛盾纠纷、维护社会稳定、构建和谐社会的要求，依法尽量予以调解处理。经公安机关调解，双方当事人达成并履行协议，会产生两方面的法律后果：一是对当事人来说，不能就同一事项再要求公安机关对违反治安管理行为人作出治安管理处罚；二是对公安机关来说，应当对该治安案件予以结案，不能就同一事项再进行查处。从案件起因、情节与性质来看，本案可以适用治安调解，但是治安调解要坚持自愿原则，只要一方当事人拒绝调解，公安机关就不能强制当事人进行调解。

根据《治安管理处罚法》《公安机关办理行政案件程序规定》和《公安机关治安调解工作规范》的规定，公安机关处理本案时存在以下问题：

一是推拖受理立案。沈某多次到派出所要求处理案件，办案民警均予以推拖，案发后半个月，公安机关才受理案件并通知双方到派出所处理，属受理案件不及时。公安机关对报案、控告、举报或者违反治安管理行为人主动投案，以及其他行政主管部门、司法机关移送的违反治安管理案件，应当及时受理，并进行登记。

二是推卸取证责任。民警要求沈某必须提供超市的监控录像后才处理的做法不当。公安机关及其人民警察对治安案件的调查，应当依法进行，不应当要求当事人向他人或者单位收集证据。

三是违反自愿原则。沈某起初不同意调解，办案民警以“不调解拿不到赔偿费”为由，迫使沈某同意调解，违反调解自愿原则。

四是未能及时取证，当刘某对侮辱事实提出异议时，公安机关才开展调查取证工作，属于取证不及时。公安机关受理报案、控告、举报、投案后，认为属于违反治安管理行为的，应当立即进行调查。

五是违反公正原则。办案民警对沈某关于误工费的异议，既未向其解释，也未作进一步核实，而以对方有权有势为由逼其接受协议，违反调解合法、公正原则。

六是超过调解期限。公安机关 11 月 20 日开始调解，12 月 5 日才完成调解，超过了调解期限。对明显不构成轻伤、不需要伤情鉴定，以及损毁财物价值不大，不需要进行价值认定的治安案件，应当在受理案件后的 3 个工作日内完成调解；对需要伤情鉴定或者价值认定的治安案件，应当在伤情鉴定文书和价值认定结论出具后的 3 个工作日内完成调解。

最后，沈某不能就调解协议申请行政复议。不服调解协议，不属于《行政复议法》规定的申请行政复议范围，沈某可以就民事争议依法向人民法院提起民事诉讼。

二、调查取证是基础，以调代罚是大忌

（一）案情简介

2018年3月10日晚，顾客张某在某饭店用餐，因琐事与该饭店服务员王某发生口角。该店老板李某闻讯赶来，与张某发生争吵、推搡。此时，邻桌正在喝酒的三个小青年突然冲上来，对着张某一阵拳打脚踢，致张某多处软组织挫伤（后经验伤为轻微伤），随后扬长离开。张某遂报警。某派出所处警民警到场后，将张某、李某和王某带至派出所。

随后，该派出所以“殴打他人”行政受案，并进行了调查。经查，张某述称李某指使三个小青年对其进行殴打，但李某予以否认，并称这三个小青年其并不熟悉，只知道是经常来店就餐喝酒的顾客，殴打张某可能是出于“打抱不平”。王某述称，事发过程中李某确实未跟三个小青年说过话，但其曾听说过，该三人经常在附近饭店吃喝，遇到顾客与店方发生纠纷，就会上前为店方出头，次日再来店向老板索取“保护费”。

当晚，该派出所即对本案进行了调解。经调解，由李某赔偿张某医药费、营养费、精神补偿费共计4000余元，本案结案。

（二）基本问题

本案中派出所的调解行为违反了哪些法律规定？

（三）案件解析

派出所在处理本案过程中，主要存在以下问题：

一是违法主体认定错误。根据现有证据，李某并未指使三个小青年殴打张某，因此，并无证据表明李某系本案的侵

害人，在此情况下，对李某和张某进行治安调解显然是“牛头不对马嘴”。

二是法律关系性质错误。从李某和张某之间的法律关系角度分析，本案张某在李某饭店用餐期间受到不法侵害，店方未能保证顾客就餐安全，据此，双方产生了民事上的法律关系。众所周知，公安机关对民事纠纷不能适用治安调解。即使派出所出于“构建和谐社会”的考虑，对双方的民事法律关系进行调解，也不能就此免除三个小青年殴打张某的治安违法责任。据此，本案在对张某、李某进行调解后即结案的做法不符合法律规定。

三是适用治安调解错误。据王某所说，三个小青年经常帮助附近店方出头并以此为由收取“保护费”，若此情节成立，本案三个违法嫌疑人可能构成寻衅滋事，甚至可能属于涉黑涉恶案件，更不属于可以调解的范围。但办案单位在对此未予查证的情况下即调解结案，客观上造成了对违法犯罪分子的纵容。

三、治安调解有范围，寻衅滋事岂能调

（一）简要案情

村民彭某家盖房，雇了一辆卡车拉砖，在家门口卸砖时，后面来了一辆轿车，因卡车将路堵住，轿车司机张某让彭某挪车。彭某称马上就卸完了，请张某等一会儿，张某不同意，和彭某发生争吵。卡车司机见状，急忙劝二人不要吵架，并把车挪开，张某离开后，怒气未消，便邀来朋友刘某为自己出气。刘某手持菜刀和张某一起来到彭某家，不由分说便将彭某砍伤。彭某的父母（年龄分别为63岁、61岁）急忙阻拦，也遭到张某、刘某的殴打。后经法医鉴定：彭某头部两处刀伤，深达颅骨，属轻微伤（上限）；彭父鼻骨骨折，属轻微伤；彭母身上多处淤血、软组织挫伤，属轻微伤。派出所认定张某、刘

某的行为属故意殴打他人，征得双方当事人同意后，对案件进行了调解，最终以张某、刘某赔偿2万元结案。

（二）基本问题

派出所对本案以调解结案的处理是否正确？

（三）案例解析

根据《治安管理处罚法》第9条规定，对于因民间纠纷引起的打架斗殴或者故意损毁他人财物等违反治安管理行为，情节较轻的，公安机关可以调解处理。从客观上讲，分析一起案件是否适用治安调解，至少应从三个方面进行分析：一是案件起因，必须是因民间纠纷引起；二是案件情节，违反治安管理行为必须情节较轻；三是案件性质，违反治安管理行为一般表现为打架斗殴或者故意损毁他人财物等。本案中，张某、刘某殴打彭某三人的行为是否具备调解的三个客观条件呢？

1. 从案件起因来看。首先分析张某、刘某殴打彭某三人的行为是否因民间纠纷引起。很明显，张某和彭某因挪车问题发生的纠纷不属于民间纠纷，不是权益之争，而是纯粹的琐事。彭某一方及时将车辆挪开，没有对张某的正常生活造成影响，双方也没有彼此伤害，此时，该纠纷已经自行解决，双方应和平相处。然而，张某好勇斗狠，召来刘某持凶器返回彭某家中将彭某、彭父、彭母殴打致伤。张某、刘某此时的行为完全是无故殴打他人，本质上不属于因民间纠纷引起的打架斗殴。

2. 从案件情节来看。张某、刘某殴打彭某、彭父、彭母的情节较轻吗？所谓情节较轻，是指行为人虽然实施了违反治安管理行为，但主观恶性不大，手段不恶劣，对他人人身或者财产没有造成严重的伤害和损害后果。本案中，在纠纷已经解决的情况下，张某与刘某将彭某等三人殴打致伤，张某的主观恶性显然很深；刘某本与此事没有任何关系，仅受张某指使便持刀将彭某砍伤，主观恶性不可谓不深，手段不可谓不恶劣。张某、刘某对彭某三人的殴打，直接导致彭某头部两处刀伤，深达颅骨，法医鉴定为轻微伤（上限）；彭父鼻骨骨折，法医鉴定为轻微伤；彭母皮下淤血，法医鉴定为轻微伤。如此伤害后果不可谓不严重。可见，张某、刘某殴打彭某三人的行为，情节不是较轻，而是严重，具有法定的加重处罚情节。本案中，张某、刘某同时殴打彭某等三人，其中彭父、彭母的年龄都已超过60周岁，《治安管理处罚法》对殴打60周岁以上的人，一次殴打、伤害多人的行为，明确规定要加重处罚。

3. 从案件性质来看。派出所认为，张某、刘某对彭某等三人的殴打行为事出有因，且殴打对象特定，符合《治安管理处罚法》中关于故意殴打他人行为的构成要件，因而认定为故意伤害他人。这是对法条的粗浅理解。故意殴打他人行为强调事出有因，这个“因”必须是要有实际内容的“因”，也就是上面所讲的权益纷争。对于那种为殴打他人而寻找违背常理和社会公序良俗的“借口”和“理由”，是不能称其为“原因”的。在这种情况下，行为人的“事出有因”只能是一种毫无道理的“原因”，此时的“事出有因”就是不客观、不存在的，张某、彭某因挪车发生的纠纷就属于这种情况，完全是微不足道的琐事，况且已经妥善解决，双方都没有受到精神或者肉体上的侵害，事件就应该到此结束，根本不能成为之后张某对彭某进行殴打的原因。然而张某肆意挑起事端，公然藐视法纪和社会公德，破坏公共秩序，勾结刘某在大庭广众之下，手持凶器对彭某三人进行殴打，造成多人受伤的严重后果，这是一种赤裸裸的横行霸道行为。其中，对彭父、彭母的殴打更是凸显了张某、刘某殴打他人的随意性，因此，认定张某、刘某的行为属故意殴打他人是错误的。张某、刘某的行为不仅侵害了彭某三人的人身权利，而且严重破坏了良好的社会治安秩序，造成社会成员的恐惧与不安。

办案民警反映，在调查办案过程中，许多亲眼目睹该案件的村民都不敢作证，这一情况正是刘某、张某实施殴打彭某三人这一违法行为的另一严重的危害后果。分析张某、刘某的主观动机，完全是一种炫耀武力、逞强耍威、称王称霸的卑劣欲念。纵观全案，张某、刘某的行为完全符合寻衅滋事的构成要件，且情节恶劣，后果严重，社会影响极坏。因此，对张某、刘某应以涉嫌寻衅滋事罪立案侦查，追究两人的刑事责任。

【关键术语】

治安调解；现场治安调解；一般治安调解程序；治安调解的适用范围；治安调解的适用条件；治安调解的原则；治安调解的效力。

【思考题】

1. 简述治安案件调解的概念和意义。
2. 简述治安案件调解的范围和条件。
3. 治安案件调解的效力如何？
4. 治安案件调解应当遵循哪些原则？
5. 现场治安案件调解应当注意哪些问题？
6. 公安民警开展治安案件调解有哪些常用方法？
7. 治安案件调解有哪些程序要求？

第四章　刑事和解

【教学重点与难点】

教学重点：刑事和解的概念和价值；刑事和解的适用条件与范围；刑事和解的法律效力和程序要求；当事人和解的公诉案件适用人民调解制度。

教学难点：刑事和解的适用条件与范围；当事人和解的公诉案件适用人民调解制度。

【学习路线图】

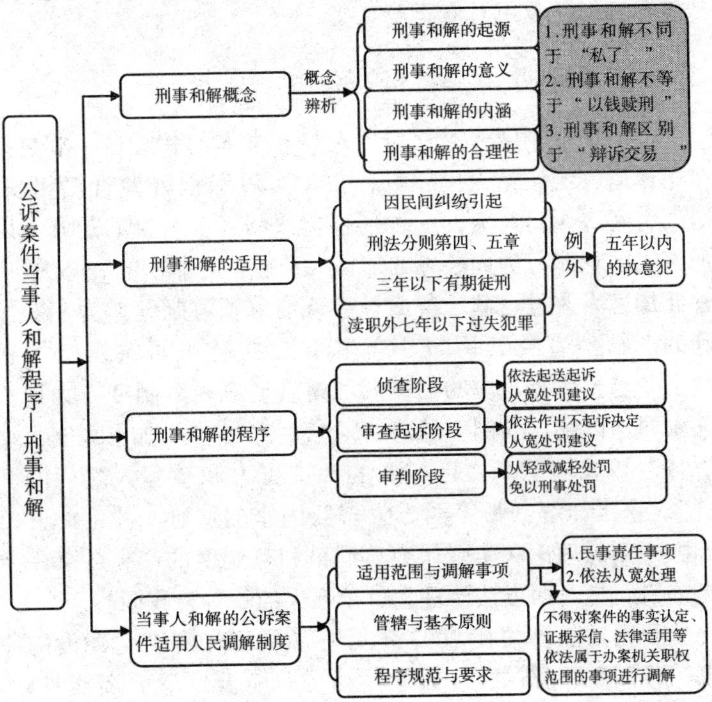

第一节　刑事和解的起源、概念与合理性

当事人和解的公诉案件诉讼程序是2012年《刑事诉讼法》新增的特别程序之一，指在法定的公诉案件范围中，犯罪嫌疑人、被告人与被害人自愿达成和解协议，公安机关、人民检察院、人民法院可以据此对犯罪嫌疑人、被告人从宽处理的程序。尽管对公安机关而言，“当事人和解的公诉案件诉讼程序”并非严格意义上的公安行政调解，但在司法实践中，难免承担沟通促进者的角色，掌握当事人和解的公诉案件诉讼程序的起源、概念、特点、意义、程序、法律后果，以及和解模式等内容，对于审查和解的自愿性、合法性和主持制作和解协议书具有重要意义。

一、刑事和解的起源和意义

刑事和解制度，又称加害人与被害人的和解，一般是指在犯罪后，经调停人的帮助，由加害者和被害者直接相谈、协商，解决纠纷冲突的一种刑事司法制度。其目的是修复因加害人的犯罪行为而破坏的加害人和被害者原本的和睦关系，并使加害人改过自新，复归社会。刑事和解制度作为实践经验的产物，追溯其历史，产生于人类最初的纠纷解决机制——与复仇相对应的当事人和解。刑事和解制度作为现代国家司法体系正式制度的萌芽，产生于1974年加拿大安大略省基奇纳城埃尔米拉区实施的“加害人和被害人之间的和解”。这次和解获得了西方大多数国家的认可，并由此开始了数十年的理论和实践研究。刑事和解制度的产生从其本质上来讲，是对西方法治理念过于强大的一种自我调整。

我国司法机关在2003年揭开了刑事和解制度建设的序幕，该制度在我国传统社会生活中也有着广泛的实践基础。

中华法文明的核心是和合思想与无讼。“和合”两字自春秋时期开始连用，儒家倡导天人合一观念。这种和谐世界观反映在法律文化上，便形成了传统的息诉观念。故而，刑事和解制度作为一种自发性的刑事司法改革试验，从一开始就不是法学家们理论下的产物，而是各地公安机关、人民检察院与人民法院进行制度探索的结果。实践表明，刑事和解充分体现出对当事人的尊重，在此基础上双方达成谅解，可以增加被害人的满意度和安全感；有利于恢复因犯罪而受损害的社会关系，化解当事人之间的矛盾；有利于减少因审前羁押和适用短期自由刑导致的交叉感染；有利于加害人复归社会。刑事和解的意义主要表现在四个方面：

(一) 有助于受害者利益的及时保护

目前，公诉案件中受害者的保护面临着现实的瓶颈，被告人在刑事诉讼中缺乏赔偿受害者损失的现实动力。同时，我国现阶段缺乏系统的受害者国家救助机制，导致受害者在遭受犯罪行为的侵害后无法获得有效的救济，进而引发诸多的社会矛盾和社会问题。《刑事诉讼法》在特定的公诉案件中设定当事人和解程序，通过加害者的积极赔偿，使受害者损失得到有效的解决，有助于受害者身体上或经济上的权利得到尽快恢复和保障。

(二) 有利于社会矛盾的及时化解

一般说来，受害者往往因犯罪行为的侵犯而受到身体上、经济上及心理上的伤害，迫切要求得到心理疏导和情感安抚。这时来自加害者的真诚道歉和悔过以及积极的赔偿无疑是一剂良药。刑事和解程序规定的从宽处理的内容会促使加害者向受害者道歉和赔偿；而对其犯罪行为给被害者所造成的痛苦的了解，尤其是得到受害者谅解，又会使其真诚悔过，改过自新。这不仅化解了受害者与加害者之间的矛盾，使法治秩序得到相应的恢复，还能有效地防止产生新的冲突和矛盾。

（三）有助于社会主义和谐社会的构建

构建社会主义和谐社会要求办案机关最大限度地减少社会对抗、促进社会和谐，必须要把统筹协调利益关系和及时化解矛盾纠纷作为最重要的任务来抓；在办案过程中不能就案办案，而是要通过办案，既要解开当事人之间的“法结”，又要解开当事人之间的“心结”，真正实现定纷止争、案结事了。刑事和解强调的尊重当事人意愿、相互妥协谅解、修复关系等，正好契合这一和谐理念，充分体现司法和谐的价值；与此同时，刑事和解还体现了刑事案件解决机制对多元化价值的追求，它追求的主要是一种“利益兼得”和“修复关系”，通过利益兼得、修复关系、从宽处理等实现公正，其根本追求是实现社会的有序与和谐。因此，刑事和解与传统刑事司法方式一样，都以促进社会和谐为根本目的，只是关注点和解决问题的方式不同而已。

（四）有助于提高刑事诉讼效率

司法资源不足是当前各国面临的共性问题，对案件的合理分流是各国刑事司法改革的共同趋势。当事人和解程序使公诉案件的办案机关能够快速处理一些较轻的案件，可以节约大量司法资源。此外，和解案件当事人自愿协商，共同确定解决刑事诉讼中的民事赔偿问题，可以大大减少执行环节司法资源的消耗，减少因执行难而导致的上访、缠诉等不稳定因素。

二、刑事和解的概念与内涵

（一）刑事和解的概念

刑事和解是指在刑事诉讼中，加害人通过主动向被害人道歉、认罪、赔偿等得到其宽恕、谅解，并达成物质赔偿和解协议后，国家专门机关予以确认，并对加害人以宽缓处理的一种制度。刑事和解得以实现在于双方当事人相互就某些权利或事项做出妥协和让步，其目的是修复因犯罪行为而遭到破坏的社会关系。刑事和解作为一种以个人权利为本位的犯罪学理论和刑事司法制度，其得以存在并发展的原因在于加害人和被害人在刑事诉讼法律关系中的人文关怀。具体理解刑事和解的内涵时，至少应包括以下几方面：其一，和解的客体是一种损害程度已构成犯罪的侵权纠纷；其二，该犯罪事件存在具体的被害人，协商在加害人与被害人之间展开；其三，以如何修复被害人所遭受的具体损害（物质损失和精神伤害）为主要协商内容；其四，以犯罪行为人认罪、悔罪、赔偿损失、赔礼道歉作为形成合意、达成协议的基础；其五，和解达成的协议应当得到权力机关的确认，后者将酌情终止对犯罪人的刑事责任追究或者予以从轻处罚。

（二）刑事和解的内涵

1. 刑事和解不同于“私了”。在理论上，“私了”并非是一个严格的法律术语，一般是指当事人就争议事项进行私下协商，不通过法定机关和程序而自行息解纷争。“私了”的侧重点在于与“公了”相对。私了既可以是和平的解决纠纷，也可能涉及一方对另一方的强制解纷。私了的本质就是在纠纷解决过程中，无国家公权力参与的一种解纷方式。作为当事人私下解决社会纠纷的一种自力救济行为，私了可以包括自决、和解或调解。采用调解方式的，则是指“法律无涉的民间社会自发的非正式调解”；或者是指单位和个人避开法律程序与组织的公断纠纷。刑事案件的私了从形态上分，可以分为司法体制内的私了和司法体制外的私了。刑事和解是否为私了，要看和解发生的场所。司法体制内的私了指的是我国立法和司法实践中各地司法机关采用的刑事和解的做法。司法体制外的私了分为合法私了与非法私了。自诉案件的被害人如果不起诉而选择私了的做法就是所谓的合法私了。而本应提起公诉的案件当事人选择私了就是所谓的非法私了。

刑事和解的进行有司法机关的监督确认和法律的保障，保证了纠纷解决的有效性、合法性和正当性，是一种合法的案件处理方式。

2. 刑事和解不等同于“以钱赎刑”。应当说，刑事和解与以钱赎刑是完全不同的两个问题。不是说有钱就可以进行和解，也不是说没钱就不能进行和解。刑事和解的关键环节在于犯罪嫌疑人、被告人自愿真诚悔罪，并通过赔礼道歉、支付一定的经济赔偿来适当弥补被害人的损失，从而得到被害人的谅解，双方当事人自愿合法地达成和解协议。刑事和解在本质上是一种建立在平等对话和自愿协商之上的心理沟通过程，重要的是化解矛盾、修复关系，这才是真正的刑事和解。那种纯粹以支付金钱的方式来换取从宽处理的做法，绝对不是法律倡导的刑事和解，在实践中应当坚决予以避免。从理论上讲，刑事和解与诱发司法腐败没有必然联系。不能说有了刑事和解就会诱发司法腐败，没有刑事和解就不会产生司法腐败现象，预防和杜绝司法腐败是一个社会综合治理的问题。但是，也应当看到，如果不严格把握法律规定的刑事和解适用的条件和案件范围，不能正确领会刑事和解制度追求的核心价值，就有可能被“花钱买刑”的人钻空子，可能产生司法腐败。因此，在适用刑事和解时，需要通过设置相关的配套机制，如完善诉讼监督机制、建立和解后的当事人回访机制、当事人投诉机制等，避免刑事和解中出现“花钱买刑”的司法腐败现象。

3. 刑事和解区别于“辩诉交易”。辩诉交易（Plea Bargaining）是指在法院开庭审理之前，作为控诉方的检察官和代表被告人的辩护律师进行协商，以检察官撤销指控、降格指控或者要求法官从轻判处刑罚为条件，来换取被告人的有罪答辩，进而双方达成均可接受的协议。通俗地说，辩诉交易就是在检察官与被告人之间进行的一种“认罪讨价还价”

行为。通过这样一种制度，检察官、法官可以用最少的司法资源处理更多的刑事案件，在提高办案效率的同时罪犯也得到了较之原罪行减轻了的刑事制裁，从而对双方都有利，形成一种双赢的局面。辩诉交易和刑事和解从表面上看都是“法外协商”，有很多的相似之处，但在主要参与人、利益关注点、适用阶段上还是有很大的差异。

（1）从主要参与人来看，辩诉交易是单纯的犯罪嫌疑人和检察官之间进行的一种协商措施，在整个过程中，都会由犯罪嫌疑人的律师出面代表其进行谈判沟通，被害人基本不参与整个辩诉交易过程。在刑事和解中，任何一个环节都离不开被害人的推动，如果被害人不同意启动刑事和解程序或者对和解协议不满意，和解根本就不可能发生效力。

（2）从利益关注点来看，在辩诉交易机制下，被害人并不参与协商过程，对于犯罪行为人的减轻处罚不需要被害人的谅解，辩诉交易的最终目的是实现代表国家权力的检察机关和犯罪行为人利益的最大化，基本不考虑被害人的利益。而刑事和解最重要的话语方就是被害人，被害人接不接受犯罪行为人的道歉和赔偿将直接决定和解程序是否继续进行。

（3）从适用阶段来看，辩诉交易主要发生在审判阶段，法官有权对最终交易结果进行审查，而刑事和解则适用于从立案到判决的各个阶段。

三、刑事和解的合理性分析

传统刑法学认为，刑法最主要的目的是惩罚犯罪与保护群众，我国刑法对刑法目的的规定便是如此。按照我国传统的犯罪观，犯罪是个人反对国家统治关系最恶劣的行为，犯罪违反了国家和统治阶级的意志，犯罪行为对统治阶级所制定的秩序具有极其严重的蔑视和破坏。国家是犯罪行为最主要的侵害对象，被害人虽然在犯罪行为中也遭到侵害，但这都只是犯罪的表象，犯罪实质上侵害的是国家所确定的社会关系，矛头最终指向国家。因此，国家基于维护社会秩序的需要，必须同犯罪分子做斗争，用国家暴力机器对犯罪加以惩罚。

在这种国家职权主义的模式下，刑法具有很强的报复性，刑法最重要的任务就是发现真相和惩罚犯罪，国家在面对犯罪行为人的犯罪行为时可以做出对加害人和被害人都有约束力的决定，因此，传统的刑法无论在解决纠纷的实体还是程序上都具有一套严谨稳定的结构体系，作为决定性的纠纷解决机制，其本身在事情的判断上有其内在的刚性与确定性，在结论上要么将加害人的行为定为犯罪，要么定为无罪，不会出现模棱两可的情况。传统的刑法最重要的任务就是通过对犯罪事实的调查，找到与刑法中犯罪构成相关的事实，最终给出法律或者技术层面的解决方案，对于犯罪背后更为广阔的社会背景、人际关系等问题予以忽视。传统刑法最关心的是纠纷的当下解决，关注的是双方当事人在长久互动关系中的一段，即当下爆发出来的，对实现当下犯罪惩罚最有意义的一段，在纠纷发生进入诉讼程序后给予一次性的决断，至于犯罪发生背后的复杂原因、纠纷的过往、双方当事人今后的关系发展和去向并不是刑法要关心的问题。

从个人本位的角度思考会发现，犯罪虽然侵犯了国家和整个社会的利益，但个人才是犯罪最直接的侵害对象，除极少数专门针对国家安全和统治利益的犯罪外，大部分的犯罪都是基于加害人和被害人之间的矛盾，被害人在犯罪发生后，因为被国家所代表，很多时候没有办法发出自己的心声。同时，在人类文明进入现代社会以后，随着社会化大生产的分工，社会利益更多的时候被分解成了一个个具体的组织和个人利益，真正抽象意义上的社会利益越来越难加以界定，所谓被犯罪侵害的社会利益实质上是一种群体的价值取向和本来良好的社会秩序。也就是说，惩罚犯罪并不等于保护了群众的权益，在群众的合法权益已经因为犯罪而遭到实际损害的情况下，刑法惩罚犯罪的报应性司法反应并没有办法让群众即被害人在心理和物质上得到相对完整的恢复。

其实，以和解方式解决社会冲突与纠纷的思想最早可以追溯到国家产生前的原始社会，人与人之间的合作与组织以血缘关系为基础，在冲突发生的时候，一般由氏族和部落出面安排加害人和被害人进行沟通。西方最早系统论述刑事和解制度理论的是美国犯罪学家约翰·R. 戈姆，作为刑事和解制度的理论奠基人，他提出了平衡理论、叙述理论和修复正义理论来解释刑事和解制度的价值基础。由于其观点在当时的新颖性，很快成为刑事和解制度的理论基础。

（一）平衡理论（Equity theory）

平衡理论以被害人视角为起点，假设每个人心中都有一个公平正义的小天平，当犯罪行为人的犯罪行为侵犯到自己时，被害人心中原本的平衡便会被打破，作为一个理性的人，被害人此时通常会选择一种付出最少的方式来修复内心的天平。这种理论认为每个被害人都有自己的成本计算方式，作为犯罪案件的被害人，其通常会选择符合自身需要的方式来核算维护内心平衡的成本，如果有一种方式使被害人不需要花费特别多的时间跟精力又能收获很好的结果，被害人必然会倾向于选择这种方式。这种理论也可以在一定程度上解释我国古代社会在允许宗族族长、社会乡绅来解决社会矛盾时，大部分人不愿意到官府诉讼的原因。

（二）叙述理论（Narrative theory）

叙述理论是通过在被害人、加害人和受犯罪影响的社区成员之间建立一个沟通平台，由被害人直接向参与叙述过程的相关人员讲述其被害的经历，参与人一起分析事情经过、双方心理，从而使被害人受伤害的内心在一定程度上恢复到平和状态；加害人也能从听取被害人的讲述与直面被害人的过程中看清自己对被害人造成的伤害，逐渐认识到自己的错误，并在被害人的叙述过程中担当故事补充者的角色；同时，受犯罪影响的社区人员的心理状态也能在被害人与加害人和解的过程中得到恢复。

（三）修复正义（Restorative justice）

修复正义理论认为，传统的刑事司法模式仅仅将犯罪看成是犯罪分子对国家统治秩序和公共秩序的侵害，忽略了犯罪对刑事被害人的伤害，造成刑事被害人在刑事司法过程中的地位被弱化。其实犯罪侵害的不仅是政府的权威，而且被害人以及社会在整个犯罪过程中同样受到伤害，被害人最应该处于犯罪关系的中心位置。因此，修复正义理论主张被害人和社会都有权参与司法过程，只有这样才能将犯罪破坏的所有社会关系恢复到原来的状态，反对国家单独对犯罪行为进行回应。

为此，不难发现西方最重要的刑事和解制度理论从一开始就是从刑事和解的工具价值角度来论述其合理性，刑事和解制度将案件处理过程变得简单易行，尤其是在西方社会为保障各方权利设计了一套严密与烦琐的司法程序的情况下，刑事和解制度显示出巨大的经济性与效率性。在我国刑事和解的具体适用过程中，除考虑刑事和解案件分流的工具价值外，还需注意社会中一般大众的刑法报应主义思想，以及我国受马克思刑法观影响下，将犯罪定位为是孤立的个人侵害国家和社会整体利益的违法行为，只有处理好这些问题，刑事和解制度才能在我国生根发芽，最后长成参天大树，在解决刑事犯罪纠纷中独当一面。

第二节　刑事和解的适用、程序与法律后果

一、刑事和解的适用范围

2018 年《刑事诉讼法》第 288 条规定："下列公诉案件，犯罪嫌疑人、被告人真诚悔罪，通过向被害人赔偿损失、赔礼道歉等方式获得被害人谅解，被害人自愿和解的，双方当事人可以和解：（一）因民间纠纷引起，涉嫌刑法分则第四章、第五章规定的犯罪案件，可能判处三年有期徒刑以下刑罚的；（二）除渎职犯罪以外的可能判处七年有期徒刑以下刑罚的过失犯罪案件。犯罪嫌疑人、被告人在五年以内曾经故意犯罪的，不适用本章规定的程序。"

（一）刑事和解的适用条件和案件范围

《刑事诉讼法》第 288 条第 1 款是关于当事人和解的适用调解和案件范围的规定。一是犯罪嫌疑人、被告人必须真诚悔罪。这里的"真诚悔罪"是指犯罪嫌疑人、被告人出于自己的意愿，发自内心地意识到自己的行为给被害人带来的伤害，对自己的犯罪行为真诚悔过，诚恳地希望得到被害人的谅解。二是获得被害人的谅解。犯罪嫌疑人、被告人通过赔偿损失、赔礼道歉等方式弥补被害人因犯罪行为遭受的物质损失和精神伤害，从而获得被害人的谅解。这里规定的"谅解"是指被告人通过各种方式真诚悔罪，使被害人体察并同情其处境，原谅其错误。三是被害人自愿和解。将被害人自愿和解作为公诉案件当事人和解的条件之一，是为防止被害人在受到暴力、胁迫等情况下违背自己的意愿同意和解，影响和解的公正性。这里的"自愿和解"是指被害人不受外力的干扰，在谅解犯罪嫌疑人、被告人的基础上，出于自己的意愿，与犯罪嫌疑人、被告人和解。

从案件的类型来看，适用刑事和解的案件主要包括两种：

一种是因民间纠纷引起的，涉嫌刑法分则第四章、第五章规定的犯罪案件，可能判处3年有期徒刑以下刑罚的。“因民间纠纷引起”是指犯罪的起因，是公民之间因财产、人身等问题引发的纠纷，既包括因婚姻家庭、邻里纠纷等民间矛盾激化引发的案件，也包括因口角、泄愤等偶发性矛盾引发的案件。因民间纠纷引起的，涉嫌刑法分则第四章规定的侵犯公民人身权利、民主权利罪和第五章规定的侵犯财产罪，无论是故意犯罪还是过失犯罪，可能判处3年有期徒刑以下刑罚的，双方当事人可以和解。这样规定是考虑到这类犯罪比较轻微，且其侵犯的客体是公民的人身权利、民主权利、财产权利，并不涉及国家利益、公共利益，允许公民有一定的处分权以有利于修复社会关系。

另一种是除渎职犯罪以外的可能判处7年有期徒刑以下刑罚的过失犯罪案件，当事人可以和解。这里的“过失犯罪案件”是指刑法分则中规定的除第九章渎职罪以外可能判处7年有期徒刑以下刑罚的过失犯罪案件。这样规定是考虑到过失犯罪行为人的主观恶性比较小，可以给予其悔过自新、从宽处理的机会。而渎职罪中的过失表现为国家机关工作人员滥用职权、玩忽职守、严重不负责任等行为，是构成犯罪的要件之一，且对国家机关工作人员履行职责应有更高要求，因而规定渎职犯罪案件不在和解案件范围之内。

（二）刑事和解适用的排除性情形

《刑事诉讼法》第288条第2款是关于刑事和解的排除性情形的规定。根据本款的规定，犯罪嫌疑人、被告人在5年以内曾经故意犯罪的，不适用本章规定的当事人和解的公诉案件诉讼程序。这里的“5年以内”是指犯前罪的时间距离犯后罪的时间不超过5年。前罪是故意犯罪的，无论后罪是故意犯罪还是过失犯罪，都不能适用《刑事诉讼法》关于公诉案件当事人和解的规定。前罪是过失犯罪的，满足本条规定的其他条件的，当事人之间仍然可以和解。理解和执行《刑事诉讼法》第 288 条的相关规定时，应当注意自诉案件的和解与公诉案件的和解之间的区别：

第一，和解主体在诉讼中的地位不同。自诉案件的和解是在起诉方与被诉方之间进行的，是诉讼的双方主体之间的协商；公诉案件的和解是在被诉方与作为诉讼参与人的被害人之间进行的，不是追诉主体与犯罪嫌疑人、被告人之间的协商。

第二，和解协议的内容不同。自诉案件的和解协议不仅包括赔偿损失、赔礼道歉等内容，还可以涉及诉讼的进程，起诉方可以处置诉讼权利；公诉案件的和解协议针对赔偿损失、赔礼道歉等内容，不能涉及公权力的处置，无权决定诉讼的进程。

第三，和解协议的法律效果不同。在自诉案件中，起诉方与被诉方达成和解后，起诉方可以据此决定撤回起诉，从而终止诉讼；在公诉案件中，和解协议只能作为在诉讼各个阶段从宽处理的依据，人民检察院也可以作出不起诉的决定，但前提是符合刑事诉讼法有关不起诉的规定，不能单独据此决定诉讼的进程。

二、刑事和解的程序规定

《刑事诉讼法》第 289 条规定："双方当事人和解的，公安机关、人民检察院、人民法院应当听取当事人和其他有关人员的意见，对和解的自愿性、合法性进行审查，并主持制作和解协议书。"该条对和解协议形成的程序进行了规定：

首先，双方当事人达成和解。公安机关、人民检察院、人民法院可以向犯罪嫌疑人、被告人或者被害人告知对方的和解意向、和解的相关规定以及双方当事人各自的权利义务，由双方当事人自行协商，公安机关、人民检察院、人民法院也可以在各自的诉讼阶段作为中立的第三方积极促成当事人之间的沟通、会面、交谈，组织和主持双方当事人协商以达成和解。在和解的过程中，主持者应保持客观、中立，不得偏袒或欺瞒任何一方；犯罪嫌疑人、被告人应承认自己的罪行并真诚悔罪，认识到自己的行为给被害人带来的伤害，通过赔偿损失、赔礼道歉等方式获得被害人的谅解，双方最终就上述问题形成一致的意见，被害人自愿和解的，即达成和解。

其次，双方当事人自行和解的，可以以书面形式交公安机关、人民检察院、人民法院审查，也可以以口头形式向公安机关、人民检察院、人民法院陈述。公安机关、人民检察院、人民法院应当听取双方当事人的意见，发现任何一方采取暴力、胁迫、欺骗等方式使另一方在违背真实意愿的基础上和解的，应当认定和解无效，和解过程有其他人参加的，还应当听取其他有关人员的意见。这里规定的“其他有关人员”是指与该案有利害关系的当事人以外的其他人员，如被害人的法定代理人、被告人的辩护律师等，也应当听取他们的意见。双方当事人如果是在公安机关、人民检察院、人民法院的主持下达成和解的，公安机关、人民检察院、人民法院应当对双方当事人的自愿性进行确认，并审查和解的内容是否违反法律的强制性规定，是否损害国家、社会利益和他人的合法权益。

最后，经审查，认为和解是在双方自愿的前提下达成且内容合法，符合《刑事诉讼法》第 289 条规定的条件的，应当由公安机关、人民检察院或者人民法院主持制作和解协议书，由双方当事人签字，作为履行和解协议和依法从宽处理的依据。在理解和执行时应当注意：公诉案件双方当事人和解的，和解协议中应有被害人谅解的内容，但不应涉及刑事责任的处理。和解协议中包含被害人表示不追究犯罪嫌疑人、被告人刑事责任意愿的内容的，对司法机关没有任何约束力，刑事责任最终取决于公安机关、人民检察院、人民法院根据《刑法》《刑事诉讼法》对犯罪嫌疑人、被告人作出的处理，犯罪嫌疑人、被告人不得以此作为不履行和解协议的理由。

三、刑事和解的法律后果

《刑事诉讼法》第290条规定："对于达成和解协议的案件，公安机关可以向人民检察院提出从宽处理的建议。人民检察院可以向人民法院提出从宽处罚的建议；对于犯罪情节轻微，不需要判处刑罚的，可以作出不起诉的决定。人民法院可以依法对被告人从宽处罚。"该条是关于公诉案件当事人和解的法律后果的规定。

（一）侦查阶段和解

根据《刑事诉讼法》第290条的规定，双方当事人在侦查阶段达成和解协议的，公安机关应当对和解协议的自愿性和合法性进行审查，将和解协议的内容及履行情况记录在案，并根据情况提出从宽处理的建议，同时应当查清案件事实，对于犯罪事实清楚，证据确实、充分的，应当写出起诉意见书，连同案卷材料、证据、和解协议书、从宽处理的建议一并移送人民检察院审查起诉。人民检察院收到公安机关移送审查起诉的相关材料后，认为犯罪嫌疑人的犯罪事实已经查清，证据确实、充分，依法应当追究刑事责任的，应当提起公诉，并根据案件情况提出从宽处罚的建议，连同案卷材料、证据、和解协议书一并移送人民法院；对于犯罪情节轻微，不需要判处刑罚的，可以作出不起诉的决定。人民法院收到人民检察院提起公诉的相关材料后，对于案件事实清楚，证据确实、充分，依据法律认定被告人有罪的，应当作出有罪判决，但是可以根据案件情况在量刑上对被告人从轻或者减轻处罚；对于犯罪情节轻微不需要判处刑罚的，可以依法免予刑事处罚。应当特别注意的是，公安机关可以根据双方当事人达成和解协议的情况和案件情况向人民检察院提出从宽处理的建议，但是不得在侦查阶段因双方当事人达成和解协议而作出撤销案件的决定。

（二）审查起诉阶段和解

双方当事人在审查起诉阶段达成和解协议的，人民检察院应当对和解协议的自愿性和合法性进行审查，将和解协议的内容及履行情况记录在案，认为犯罪嫌疑人的犯罪事实已经查清，证据确实、充分，依法应当追究刑事责任的，应当提起公诉，并根据案件情况提出从宽处罚的建议，连同案卷材料、证据、和解协议书一并移送人民法院；对于犯罪情节轻微，不需要判处刑罚的，可以依法作出不起诉的决定。

（三）审判阶段和解

双方当事人在审判阶段达成和解协议的，人民法院应当对和解协议的自愿性和合法性进行审查，将和解协议的内容及履行情况记录在案，对于案件事实清楚，证据确实、充分，依据法律认定被告人有罪的，应当作出有罪判决，但是可以根据案件情况在量刑上对被告人从轻或者减轻处罚；对于犯罪情节轻微不需要判处刑罚的，可以免予刑事处罚。

第三节 当事人和解的公诉案件适用人民调解

为更好地贯彻落实宽严相济刑事政策，完善轻微刑事案件快速办理机制，及时办理当事人和解的公诉案件，即刑事和解案件，有效化解矛盾纠纷，上海市高级人民法院、上海市人民检察院、上海市公安局、上海市司法局根据《刑法》《刑事诉讼法》《人民调解法》等法律法规的规定，结合上海市实际情况，制订了《关于当事人和解的公诉案件适用人民调解的若干规定》。

一、适用范围与调解事项

上海市公安机关、人民检察院、人民法院将刑事和解案件移交人民调解委员会对有关赔偿等事项进行调解的，可以适用《关于当事人和解的公诉案件适用人民调解的若干规定》。

根据《关于当事人和解的公诉案件适用人民调解的若干规定》，人民调解委员会可以就刑事和解案件中赔偿损失、恢复原状、赔礼道歉、精神抚慰等民事责任事项进行调解，也可以就被害人是否要求同意办案机关对犯罪嫌疑人、报告人依法从宽处理进行调解。但是，人民调解委员会不得对案件的事实认定、证据采信、法律适用等依法属于办案机关职权范围的事项进行调解。

司法行政机关应当对人民调解委员会调解刑事和解案件给予指导。办案机关应当对人民调解委员会调解刑事和解案件给予支持和帮助。当事人达成和解的公诉案件符合刑事案件速裁程序或轻微刑事案件快速办理机制应用条件的，办案机关应当按照有关规定办理。

根据《关于当事人和解的公诉案件适用人民调解的若干规定》，经人民调解委员会调解达成调解协议的，办案机关应按照《刑事诉讼法》、相关司法解释主持和制作和解协议书。人民调解协议书应当作为办案机关制作和解协议书的依据之一。

二、案件管辖与基本原则

（一）调解组织与人民调解员

办案机关可将刑事和解案件移交本机关所在地的区县或街道、乡镇人民调解委员会进行调解。主持调解的人民调解员由人民调解委员会指派或者由当事人从人民调解员名册中选定。人民调解员具有可能影响公正调解情形的，或者当事人要求其回避的，人民调解员应当回避。当事人可在调解程序的任何阶段以口头或者书面形式要求人民调解员回避。

（二）调解的基本原则

1. 公正原则。人民调解员应当平等对待双方当事人，充分尊重当事人意思表达的权利，充分听取双方当事人的陈述；不得压制、阻碍当事人发表意见；不得偏袒任何一方当事人。

2. 保密原则。人民调解委员会及其人民调解员应当对国家秘密和当事人的商业秘密、个人隐私或者个人信息予以保密。未经双方当事人同意，调解不得公开进行，也不得公开与调解有关的内容。

三、程序规范与基本要求

（一）引导调解

办案机关经审查认为符合法律规定的和解条件，双方当事人尚未进行或者达成和解的，可以建议当事人选择通过人民调解的方式进行和解。经双方当事人协商一致要求进行调解的，办案机关应当将双方当事人要求转达人民调解委员会，并移交相关材料。办案机关应当向人民调解委员会移交以下材料：

1. 双方当事人的调解申请书；
2. 反映案件事实的相关材料；
3. 其他必要材料。

（二）事先告知

人民调解委员会在调解开始前应向双方当事人充分告知其权利义务以及达成调解协议的法律效果。

（三）调解记录

人民调解员可以根据案件情况、双方当事人意愿等，采取合适的方式进行调解。人民调解员进行调解时，应当记录调解情况，调解记录需人民调解员及参加调解的当事人签名和盖章。

（四）调解协议

人民调解员应当根据公平、自愿、合情、合理的原则，协助双方当事人确定纠纷解决方案。双方当事人经调解达成调解协议的，人民调解员应当制作调解协议书。调解协议书需双方当事人、人民调解员和人民调解委员会签名和盖章。调解协议书由双方当事人各执一份，人民调解委员会留存一份，送交办案机关一份。调解协议书应当包括以下内容：

1. 事由。案件的基本事实。

2. 自愿和解的意思表示。双方当事人自愿达成和解。

3. 悔罪表现。犯罪嫌疑人、被告人承认所犯罪行，对指控的犯罪事实没有异议，真诚悔罪。

4. 和解内容。犯罪嫌疑人、被告人为获得被害人谅解，应当承担的赔礼道歉、恢复原状、精神抚慰、赔偿损失等责任方式。涉及财产给付的，应当写明给付的方式、数额、履行期限。

5. 谅解意愿。被害人及其法定代理人或者近亲属表示谅解，请求或者同意对犯罪嫌疑人、被告人依法从宽处理。

6. 违反调解协议的法律后果。

7. 其他有关事项。

财产给付一般应当在签署调解协议后立即履行；确实难以一次性履行的，在犯罪嫌疑人、被告人提供有效担保，并经被害人同意的，可以分期履行，但最迟应在签署和解协议书前履行完毕。调解协议书的内容应当体现当事人的真实意思表示，不得强迫当事人接受调解协议。

（五）调解协议履行

人民调解委员会应当督促当事人及时履行调解协议。人民调解员应当书面记录当事人履行调解协议的情况，并由人民调解员及当事人签名或盖章；当事人拒绝履行或反悔的，也应当记录在案。有书面材料的，人民调解员应当及时收集或复制。履行情况的相关材料应连同调解协议书一并送交办案机关。

（六）调解期限

人民调解员应当按照办案机关商定的期限，向办案机关反馈调解的结果。

第四节　案说“刑事和解”

一、刑事和解促和谐，实现双赢皆欢喜①

（一）案情简介

钱某、赵某、孙某是同一家公司的职员。平时三人遵纪守法，关系一直很好。有一天，钱某回到出租房时，发现自己的妻子与另一个男子举止亲昵，顿时火冒三丈，立即打电话叫来好朋友赵某、孙某，三人对该男子一顿殴打。打完之后，钱某要求该男子家人过来处理此事。该男子的父亲到了出租房后，看到情形不敢报警，在双方讨价还价之下，该男子的父亲“自愿赔偿”被告人钱某 15000 元。后该男子选择了报警，公安机关接到报警后以钱某三人涉嫌敲诈勒索罪立案侦查，在钱某等人的工作单位将三名犯罪嫌疑人抓获。三名犯罪嫌疑人归案后如实供述了自己的犯罪事实。在案件侦办过程中，三名犯罪嫌疑人对自己的冲动行为深感后悔，愿意向被害人赔礼道歉、赔偿损失，希望得到被害人的谅解，

---

① 马丽丽、傅君佳：《刑事诉讼法案例教程》，中国民主法制出版社 2016 年版。

得到从宽处理。

（二）基本问题

本案可否适用当事人和解的公诉案件诉讼程序？

（三）案例解析

根据司法改革的要求，公安司法机关顺应时代的发展和执法办案的需要，贯彻宽严相济刑事政策，积极探索当事人达成和解案件办理工作，取得了良好的社会效果。2010年发布的《最高人民法院关于贯彻宽严相济刑事政策的若干意见》第23条规定，被告人案发后对被害人积极进行赔偿，并认罪、悔罪的，依法可以作为酌定量刑情节予以考虑。2011年发布的《最高人民检察院关于办理当事人达成和解的轻微刑事案件的若干意见》对刑事和解的指导思想和基本原则、适用范围和条件、和解的内容、对当事人和解的审查、达成和解案件的处理等问题进行了系统的规定。这些改革成果被2012年《刑事诉讼法》修改时所吸收。

根据2018年《刑事诉讼法》第288条规定，适用当事人和解的公诉案件的范围如下：

第一，对于因民间纠纷引起的，涉嫌刑法分则第四章、第五章规定的犯罪案件，可能判处3年有期徒刑以下刑罚的。这里包含三个条件：一是因民间纠纷引起的。民间纠纷一般是指公民之间有关人身、财产权益和其他日常生活中发生的纠纷。二是涉嫌刑法分则第四章（侵犯公民人身权利、民主权利罪）、第五章（侵犯财产罪）规定的犯罪案件。三是可能判处3年有期徒刑以下刑罚的。主流刑法理论认为，3年有期徒刑以下刑罚属于轻罪。将当事人和解程序的适用限于轻罪是为了最大限度地发挥其积极作用，尽可能减少其负面影响。以上条件必须同时具备才可适用。

第二，除渎职犯罪以外的可能判处7年有期徒刑以下刑罚的过失犯罪案件。这里包括三个条件：一是过失犯罪，我国刑法规定，“过失犯罪，法律有规定的才负刑事责任”。二是可能判处7年有期徒刑以下刑罚的过失犯罪，7年刑期是多数过失犯罪的最高刑罚。三是渎职犯罪除外。渎职犯罪是指国家机关工作人员利用职务上的便利或者徇私舞弊、滥用职权、玩忽职守，妨害国家机关的正常活动，损害公众对国家机关工作人员职务活动客观公正性的信赖，致使国家与人民利益遭受重大损失的行为，因此渎职罪不适用刑事和解程序。

第三，犯罪嫌疑人、被告人在5年以内故意犯罪的案件不得适用当事人和解程序。这是参考了《刑法》第65条关于累犯相关内容所作的规定，累犯是一种再犯罪的事实，对累犯从严惩处，是当今世界各国重要的刑罚裁量制度之一。主要是考虑到此类人的社会危害性和主观恶性较大，前罪是故意犯罪，后罪不论是故意犯罪还是过失犯罪都不能适用该诉讼程序。

该案钱某三人属于涉嫌刑法分则第五章中规定的犯罪案件，且可能判处3年有期徒刑以下刑罚。在案件审理过程中，三名被告人对自己的冲动行为深感后悔，希望赔偿被害人的损失，向被害人赔礼道款，而且被害人也有和解的意愿，属于公诉案件当事人和解诉讼程序的适用范围。当事人和解的公诉案件诉讼程序是通过被告人与被害人自愿协商达成和解进而解决刑事纠纷的一种新型司法模式，目的在于恢复被加害人破坏的社会关系、弥补被害人所受到的损害以及恢复加害人与被加害人之间的和睦关系，并使加害人改过自新、回归社会。该程序以被害人的利益保护为核心理念，以其对被害人、加害人以及公共利益的全面保护为基本内涵，实现以较小的司法资源耗费，获得较理想的实体性目标。2012年《刑事诉讼法》在总结实践经验的基础上，在特别程序部分专门规定了当事人和解的公诉案件诉讼程序，明确了和解的范围、对象、条件、方式等基本问题，是立法理念和法律制度的重大突破，有助于有效化解社会矛盾，促进社会和谐。

二、职责分工虽不同，和解效力却一样①

（一）案情简介

刘某与张某均为某村村民，是隔壁邻居，平时关系良好，并无恩怨。2015 年 7 月 4 日中午，刘某回家为外孙做饭，发现与邻居张某在共用楼道内放置了两块玻璃，为防止玻璃破裂后划伤其外孙，而将玻璃丢掉，引起张某不满。张某于是持续敲打刘某家的大门，要与刘某理论，导致刘某情绪激动，开门过猛致张某倒地受伤。张某报警后，县公安局对刘某故意伤害一案立案侦查，后经鉴定张某为轻伤一级，县公安局立即对刘某采取了刑事拘留的强制措施。10 日后，刘某积极对张某进行了赔偿，并为自己的鲁莽行为而赔礼道歉，取得了张某的充分谅解，在公安机关承办民警的主持下，双方达成了和解协议。公安机关对刘某变更强制措施为取保候审。此案侦查终结后，县公安局移送县检察院审查起诉，并向县检察院提出了对刘某从宽处罚的建议，县检察院审查发现张某犯罪情节显著轻微，不需要判处刑罚，符合当事人和解的诉讼程序，县检察院决定对张某故意伤害一案不予起诉。

（二）基本问题

本案中县公安局和县检察院的做法是否正确？

（三）案例解析

《刑事诉讼法》第 289 条规定，双方当事人和解的，公安机关、人民检察院、人民法院应当听取当事人和其他有关人员的意见，对和解的自愿性、合法性进行审查，并主持制

① 马丽丽、傅君佳：《刑事诉讼法案例教程》，中国民主法制出版社 2016 年版。

作和解协议书。第 290 条对于达成和解协议的案件，公安机关可以向人民检察院提出从宽处理的建议。人民检察院可以向人民法院提出从宽处罚的建议。对于犯罪情节轻微，不需要判处刑罚的，可以作出不起诉的决定。人民法院可以依法对被告人从宽处罚。在司法实践中，当事人和解的公诉案件诉讼程序包含以下步骤：

1. 当事人达成和解。公安机关、人民检察院、人民法院可以向犯罪嫌疑人、被告人或者被害人告知对方和解意向、和解的相关规定以及双方当事人的权利义务，由当事人自行协商。公安机关、人民检察院、人民法院也可以在各自的诉讼阶段作为中立第三方组织和主持双方当事人协商达成和解。

2. 当事人达成和解后，可以以书面形式交公安机关、人民检察院、人民法院审查，也可以以口头形式向公安机关、人民检察院、人民法院陈述。

3. 公安机关、人民检察院、人民法院听取当事人的意见，着重审查和解协议是否有违背当事人意愿的情形，还应当听取被害人的法定代理人、被告人的辩护律师等其他有关人员的意见。

4. 对和解内容的合法性进行审查，审查和解协议的内容是否违反法律的强制性规定，是否损害国家、社会利益和他人的合法权益。

5. 经审查，确认和解协议内容合法有效，由公安机关、人民检察院或者人民法院主持制作和解协议书，由双方签字，作为履行和解协议和依法从宽处罚的依据。

需要特别注意的是，当事人和解的公诉案件诉讼程序中的和解事项不应涉及刑事责任的处理。当事人和解的是民事权利方面的事项。犯罪嫌疑人、被告人刑事责任的追究和裁量由公安机关、人民检察院、人民法院依法决定。本案中，公安机关和县检察院做法正确。刘某故意伤害案属于侦查阶段当事人和解的诉讼程序。刘某积极对张某进行了赔偿，并为自己的鲁莽行为而赔礼道款，取得了张某的充分谅解，在公安机关案件承办民警的主持下双方达成了和解。其公安局在向县检察院移送审查起诉的同时，向县检察院提出了对刘某从宽处罚的建议，县检察院依据《刑事诉讼法》第 289 条的规定作出了不起诉的决定，贯彻了宽严相济刑事政策，有利于促进社会和谐稳定，也有助于提高诉讼效率和有效解决纠纷。

【关键术语】

当事人和解的公诉案件诉讼程序；刑事和解；认罪认罚从宽制度；辩诉交易；刑事和解的主体；刑事和解的程序；刑事和解的内容；刑事和解的效率；当事人和解的公诉案件适用人民调解制度。

【思考题】

1. 简述当事人和解的公诉案件诉讼程序（刑事和解）的概念和意义。

2. 简述刑事和解的适用条件和范围。

3. 刑事和解的主要内容是什么？

4. 刑事和解应当注意哪些问题？

5. 简述当事人和解的公诉案件适用人民调解的程序规范和要求。

附录：公安行政调解相关法律法规

《中华人民共和国治安管理处罚法》(选摘)

(中华人民共和国主席令第67号)

第八条 违反治安管理的行为对他人造成损害的，行为人或者监护人应当依法承担民事责任。

第九条 对于因民间纠纷引起的打架斗殴或者损毁他人财物等违反治安管理行为，情节较轻的，公安机关可以调解处理。经公安机关调解，当事人达成协议的，不予处罚。经调解未达成协议或者达成协议后不履行的，公安机关应当依照本法的规定对违反治安管理行为人给予处罚，并告知当事人可以就民事争议依法向人民法院提起民事诉讼。

公安机关执行《中华人民共和国治安管理处罚法》有关问题的解释（选摘）

（公通字〔2006〕12号）

根据全国人大常委会《关于加强法律解释工作的决议》的规定，现对公安机关执行《中华人民共和国治安管理处罚法》（以下简称《治安管理处罚法》）的有关问题解释如下：

一、关于治安案件的调解问题。根据《治安管理处罚法》第9条的规定，对因民间纠纷引起的打架斗殴或者损毁他人财物以及其他违反治安管理行为，情节较轻的，公安机关应当本着化解矛盾纠纷、维护社会稳定、构建和谐社会的要求，依法尽量予以调解处理。特别是对因家庭、邻里、同事之间纠纷引起的违反治安管理行为，情节较轻，双方当事人愿意和解的，如制造噪声、发送信息、饲养动物干扰他人正常生活，放任动物恐吓他人、侮辱、诽谤、诬告陷害、侵犯隐私、偷开机动车等治安案件，公安机关都可以调解处理。同时，为确保调解取得良好效果，调解前应当及时依法做深入细致的调查取证工作，以查明事实、收集证据、分清责任。调解达成协议的，应当制作调解书，交双方当事人签字。

十二、关于办理治安案件期限问题。《治安管理处罚法》第99条规定："公安机关办理治安案件的期限，自受理之日起不得超过三十日；案情重大、复杂的，经上一级公安机关批准，可以延长三十日。为了查明案情进行鉴定的期间，不计入办理治安案件的期限。"这里的"鉴定期间"，是指公安机关提交鉴定之日起至鉴定机构作出鉴定结论并送达公安机关的期间。公安机关应当切实提高办案效率，保证在法定期限内办结治安案件。对因违反治安管理行为人逃跑等客观原因造成案件不能在法定期限内办结的，公安机关应当继续进行调查取证，及时依法作出处理决定，不能因已超过法定办案期限就不再调查取证。因违反治安管理行为人在逃，导致无法查清案件事实，无法收集足够证据而结不了案的，公安机关应当向被侵害人说明原因。对调解未达成协议或者达成协议后不履行的治安案件的办案期限，应当从调解未达成协议或者达成协议后不履行之日起开始计算。

公安派出所承办的案情重大、复杂的案件，需要延长办案期限的，应当报所属县级以上公安机关负责人批准。

《中华人民共和国人民调解法》

（中华人民共和国主席令第 34 号）

第一章　总　　则

第一条　为了完善人民调解制度，规范人民调解活动，及时解决民间纠纷，维护社会和谐稳定，根据宪法，制定本法。

第二条　本法所称人民调解，是指人民调解委员会通过说服、疏导等方法，促使当事人在平等协商基础上自愿达成调解协议，解决民间纠纷的活动。

第三条　人民调解委员会调解民间纠纷，应当遵循下列原则：

（一）在当事人自愿、平等的基础上进行调解；

（二）不违背法律、法规和国家政策；

（三）尊重当事人的权利，不得因调解而阻止当事人依法通过仲裁、行政、司法等途径维护自己的权利。

第四条　人调解委员会调解民间纠纷，不收取任何费用。

第五条　国务院司法行政部门负责指导全国的人民调解工作，县级以上地方人民政府司法行政部门负责指导本行政区域的人民调解工作。基层人民法院对人民调解委员会调解民间纠纷进行业务指导。

第六条 国家鼓励和支持人民调解工作。县级以上地方人民政府对人民调解工作所需经费应当给予必要的支持和保障，对有突出贡献的人民调解委员会和人民调解员按照国家规定给予表彰奖励。

第二章 人民调解委员会

第七条 人民调解委员会是依法设立的调解民间纠纷的群众性组织。

第八条 村民委员会、居民委员会设立人民调解委员会。企业事业单位根据需要设立人民调解委员会。

人民调解委员会由委员三至九人组成，设主任一人，必要时，可以设副主任若干人。

人民调解委员会应当有妇女成员，多民族居住的地区应当有人数较少民族的成员。

第九条 村民委员会、居民委员会的人民调解委员会委员由村民会议或者村民代表会议、居民会议推选产生；企业事业单位设立的人民调解委员会委员由职工大会、职工代表大会或者工会组织推选产生。

人民调解委员会委员每届任期三年，可以连选连任。

第十条 县级人民政府司法行政部门应当对本行政区域内人民调解委员会的设立情况进行统计，并且将人民调解委员会以及人员组成和调整情况及时通报所在地基层人民法院。

第十一条 人民调解委员会应当建立健全各项调解工作制度，听取群众意见，接受群众监督。

第十二条 村民委员会、居民委员会和企业事业单位应当为人民调解委员会开展工作提供办公条件和必要的工作经费。

第三章　人民调解员

第十三条　人民调解员由人民调解委员会委员和人民调解委员会聘任的人员担任。

第十四条　人民调解员应当由公道正派、热心人民调解工作，并具有一定文化水平、政策水平和法律知识的成年公民担任。

县级人民政府司法行政部门应当定期对人民调解员进行业务培训。

第十五条　人民调解员在调解工作中有下列行为之一的，由其所在的人民调解委员会给予批评教育、责令改正，情节严重的，由推选或者聘任单位予以罢免或者解聘：

（一）偏袒一方当事人的；

（二）侮辱当事人的；

（三）索取、收受财物或者牟取其他不正当利益的；

（四）泄露当事人的个人隐私、商业秘密的。

第十六条　人民调解员从事调解工作，应当给予适当的误工补贴；因从事调解工作致伤致残，生活发生困难的，当地人民政府应当提供必要的医疗、生活救助；在人民调解工作岗位上牺牲的人民调解员，其配偶、子女按照国家规定享受抚恤和优待。

第四章　调解程序

第十七条　当事人可以向人民调解委员会申请调解；人民调解委员会也可以主动调解。当事人一方明确拒绝调解的，不得调解。

第十八条　基层人民法院、公安机关对适宜通过人民调解方式解决的纠纷，可以在受理前告知当事人向人民调解委员会申请调解。

第十九条 人民调解委员会根据调解纠纷的需要，可以指定一名或者数名人民调解员进行调解，也可以由当事人选择一名或者数名人民调解员进行调解。

第二十条 人民调解员根据调解纠纷的需要，在征得当事人的同意后，可以邀请当事人的亲属、邻里、同事等参与调解，也可以邀请具有专门知识、特定经验的人员或者有关社会组织的人员参与调解。

人民调解委员会支持当地公道正派、热心调解、群众认可的社会人士参与调解。

第二十一条 人民调解员调解民间纠纷，应当坚持原则，明法析理，主持公道。

调解民间纠纷，应当及时、就地进行，防止矛盾激化。

第二十二条 人民调解员根据纠纷的不同情况，可以采取多种方式调解民间纠纷，充分听取当事人的陈述，讲解有关法律、法规和国家政策，耐心疏导，在当事人平等协商、互谅互让的基础上提出纠纷解决方案，帮助当事人自愿达成调解协议。

第二十三条 当事人在人民调解活动中享有下列权利：

（一）选择或者接受人民调解员；

（二）接受调解、拒绝调解或者要求终止调解；

（三）要求调解公开进行或者不公开进行；

（四）自主表达意愿、自愿达成调解协议。

第二十四条 当事人在人民调解活动中履行下列义务：

（一）如实陈述纠纷事实；

（二）遵守调解现场秩序，尊重人民调解员；

（三）尊重对方当事人行使权利。

第二十五条 人民调解员在调解纠纷过程中，发现纠纷有可能激化的，应当采取有针对性的预防措施；对有可能引起治安案件、刑事案件的纠纷，应当及时向当地公安机关或者其他有关部门报告。

第二十六条 人民调解员调解纠纷，调解不成的，应当终止调解，并依据有关法律、法规的规定，告知当事人可以依法通过仲裁、行政、司法等途径维护自己的权利。

第二十七条 人民调解员应当记录调解情况。人民调解委员会应当建立调解工作档案，将调解登记、调解工作记录、调解协议书等材料立卷归档。

第五章 调解协议

第二十八条 经人民调解委员会调解达成调解协议的，可以制作调解协议书。当事人认为无需制作调解协议书的，可以采取口头协议方式，人民调解员应当记录协议内容。

第二十九条 调解协议书可以载明下列事项：

（一）当事人的基本情况；

（二）纠纷的主要事实、争议事项以及各方当事人的责任；

（三）当事人达成调解协议的内容，履行的方式、期限。

调解协议书自各方当事人签名、盖章或者按指印，人民调解员签名并加盖人民调解委员会印章之日起生效。调解协议书由当事人各执一份，人民调解委员会留存一份。

第三十条 口头调解协议自各方当事人达成协议之日起生效。

第三十一条 经人民调解委员会调解达成的调解协议，具有法律约束力，当事人应当按照约定履行。

人民调解委员会应当对调解协议的履行情况进行监督，督促当事人履行约定的义务。

第三十二条 经人民调解委员会调解达成调解协议后，当事人之间就调解协议的履行或者调解协议的内容发生争议的，一方当事人可以向人民法院提起诉讼。

第三十三条 经人民调解委员会调解达成调解协议后，双方当事人认为有必要的，可以自调解协议生效之日起三十日内共同向人民法院申请司法确认，人民法院应当及时对调解协议进行审查，依法确认调解协议的效力。

人民法院依法确认调解协议有效，一方当事人拒绝履行或者未全部履行的，对方当事人可以向人民法院申请强制执行。

人民法院依法确认调解协议无效的，当事人可以通过人民调解方式变更原调解协议或者达成新的调解协议，也可以向人民法院提起诉讼。

第六章 附 则

第三十四条 乡镇、街道以及社会团体或者其他组织根据需要可以参照本法有关规定设立人民调解委员会，调解民间纠纷。

第三十五条 本法自 2011 年 1 月 1 日起施行。

《中华人民共和国刑事诉讼法》（选摘）

（中华人民共和国主席令第10号）

第五编　特别程序

第二章　当事人和解的公诉案件诉讼程序

第二百八十八条　下列公诉案件，犯罪嫌疑人、被告人真诚悔罪，通过向被害人赔偿损失、赔礼道歉等方式获得被害人谅解，被害人自愿和解的，双方当事人可以和解：

（一）因民间纠纷引起，涉嫌刑法分则第四章、第五章规定的犯罪案件，可能判处三年有期徒刑以下刑罚的；

（二）除渎职犯罪以外的可能判处七年有期徒刑以下刑罚的过失犯罪案件。

犯罪嫌疑人、被告人在五年以内曾经故意犯罪的，不适用本章规定的程序。

第二百八十九条　双方当事人和解的，公安机关、人民检察院、人民法院应当听取当事人和其他有关人员的意见，对和解的自愿性、合法性进行审查，并主持制作和解协议书。

第二百九十条　对于达成和解协议的案件，公安机关可以向人民检察院提出从宽处理的建议。人民检察院可以向人民法院提出从宽处罚的建议；对于犯罪情节轻微，不需要判处刑罚的，可以作出不起诉的决定。人民法院可以依法对被告人从宽处罚。

《公安机关办理行政案件程序规定》(选摘)

(中华人民共和国公安部令第149号)

第七章　调查取证

第五十二条　公安机关进行询问、辨认、检查、勘验，实施行政强制措施等调查取证工作时，人民警察不得少于二人，并表明执法身份。

接报案、受案登记、接受证据、信息采集、调解、送达文书等工作，可以由一名人民警察带领警务辅助人员进行，但应当全程录音录像。

第十章　治安调解

第一百七十八条　对于因民间纠纷引起的殴打他人、故意伤害、侮辱、诽谤、诬告陷害、故意损毁财物、干扰他人正常生活、侵犯隐私、非法侵入住宅等违反治安管理行为，情节较轻，且具有下列情形之一的，可以调解处理：

（一）亲友、邻里、同事、在校学生之间因琐事发生纠纷引起的；

（二）行为人的侵害行为系由被侵害人事前的过错行为引起的；

（三）其他适用调解处理更易化解矛盾的。

对不构成违反治安管理行为的民间纠纷，应当告知当事人向人民法院或者人民调解组织申请处理。

对情节轻微、事实清楚、因果关系明确，不涉及医疗费用、物品损失或者双方当事人对医疗费用和物品损失的赔付无争议，符合治安调解条件，双方当事人同意现场调解并当场履行的治安案件，可以现场调解，并制作调解协议书。当事人基本情况、主要违法事实和协议内容在现场录音录像中明确记录的，不再制作调解协议书。

第一百七十九条 具有下列情形之一的，不适用调解处理：

（一）雇凶伤害他人的；

（二）结伙斗殴或者其他寻衅滋事的；

（三）多次实施违反治安管理行为的；

（四）当事人明确表示不愿意调解处理的；

（五）当事人在治安调解过程中又针对对方实施违反治安管理行为的；

（六）调解过程中，违法嫌疑人逃跑的；

（七）其他不宜调解处理的。

第一百八十条 调解处理案件，应当查明事实，收集证据，并遵循合法、公正、自愿、及时的原则，注重教育和疏导，化解矛盾。

第一百八十一条 当事人中有未成年人的，调解时应当通知其父母或者其他监护人到场。但是，当事人为年满十六周岁以上的未成年人，以自己的劳动收入为主要生活来源，本人同意不通知的，可以不通知。

被侵害人委托其他人参加调解的，应当向公安机关提交委托书，并写明委托权限。违法嫌疑人不得委托他人参加调解。

第一百八十二条 对因邻里纠纷引起的治安案件进行调解时，可以邀请当事人居住地的居（村）民委员会的人员或者双方当事人熟悉的人员参加帮助调解。

第一百八十三条 调解一般为一次。对一次调解不成，公安机关认为有必要或者当事人申请的，可以再次调解，并应当在第一次调解后的七个工作日内完成。

第一百八十四条 调解达成协议的，在公安机关主持下制作调解协议书，双方当事人应当在调解协议书上签名，并履行调解协议。

调解协议书应当包括调解机关名称、主持人、双方当事人和其他在场人员的基本情况，案件发生时间、地点、人员、起因、经过、情节、结果等情况、协议内容、履行期限和方式等内容。

对调解达成协议的，应当保存案件证据材料，与其他文书材料和调解协议书一并归入案卷。

第一百八十五条 调解达成协议并履行的，公安机关不再处罚。对调解未达成协议或者达成协议后不履行的，应当对违反治安管理行为人依法予以处罚；对违法行为造成的损害赔偿纠纷，公安机关可以进行调解，调解不成的，应当告知当事人向人民法院提起民事诉讼。

调解案件的办案期限从调解未达成协议或者调解达成协议不履行之日起开始计算。

第一百八十六条 对符合本规定第一百七十八条规定的治安案件，当事人申请人民调解或者自行和解，达成协议并履行后，双方当事人书面申请并经公安机关认可的，公安机关不予治安管理处罚，但公安机关已依法作出处理决定的除外。

第十四章　案件终结

第二百五十八条　行政案件具有下列情形之一的，应当予以结案：

（一）作出不予行政处罚决定的；

（二）按照本规定第十章的规定达成调解、和解协议并已履行的；

（三）作出行政处罚等处理决定，且已执行的；

（四）违法行为涉嫌构成犯罪，转为刑事案件办理的；

（五）作出处理决定后，因执行对象灭失、死亡等客观原因导致无法执行或者无需执行的。

《公安机关治安调解工作规范》

（公通字〔2007〕81号）

第一条 为进一步规范公安机关治安调解工作，最大限度地增加和谐因素，最大限度地减少不和谐因素，化解社会矛盾，促进社会稳定，根据《中华人民共和国治安管理处罚法》和《公安机关办理行政案件程序规定》等规定，制定本规范。

第二条 本规范所称治安调解，是指对于因民间纠纷引起的打架斗殴或者损毁他人财物等违反治安管理、情节较轻的治安案件，在公安机关的主持下，以国家法律、法规和规章为依据，在查清事实、分清责任的基础上，劝说、教育并促使双方交换意见，达成协议，对治安案件做出处理的活动。

第三条 对于因民间纠纷引起的殴打他人、故意伤害、侮辱、诽谤、诬告陷害、故意损毁财物、干扰他人正常生活、侵犯隐私等违反治安管理行为，情节较轻的，经双方当事人同意，公安机关可以治安调解。

民间纠纷是指公民之间、公民和单位之间，在生活、工作、生产经营等活动中产生的纠纷。对不构成违反治安管理行为的民间纠纷，应当告知当事人向人民法院或者人民调解组织申请处理。

第四条 违反治安管理行为有下列情形之一的，不适用治安调解：

（一）雇凶伤害他人的；

（二）结伙斗殴的；

（三）寻衅滋事的；

（四）多次实施违反治安管理行为的；

（五）当事人在治安调解过程中又挑起事端的；

（六）其他不宜治安调解的。

第五条 治安调解应当依法进行调查询问，收集证据，在查明事实的基础上实施。

第六条 治安调解应当遵循以下原则：

（一）合法原则。治安调解应当按照法律规定的程序进行，双方当事人达成的协议必须符合法律规定。

（二）公正原则。治安调解应当分清责任，实事求是地提出调解意见，不得偏袒一方。

（三）公开原则。治安调解应当公开进行，涉及国家机密、商业秘密或者个人隐私，以及双方当事人都要求不公开的除外。

（四）自愿原则。治安调解应当在当事人双方自愿的基础上进行。达成协议的内容，必须是双方当事人真实意思表示。

（五）及时原则。治安调解应当及时进行，使当事人尽快达成协议，解决纠纷。治安调解不成应当在法定的办案期限内及时依法处罚，不得久拖不决。

（六）教育原则。治安调解应当通过查清事实，讲明道理，指出当事人的错误和违法之处，教育当事人自觉守法并通过合法途径解决纠纷。

第七条 被侵害人可以亲自参加治安调解，也可以委托其他人参加治安调解。委托他人参加治安调解的，应当向公安机关提交委托书，并注明委托权限。

第八条 公安机关进行治安调解时，可以邀请当地居（村）民委员会的人员或者双方当事人熟悉的人员参加。

当事人中有不满十六周岁未成年人的，调解时应当通知其父母或者其他监护人到场。

第九条 治安调解一般为一次，必要时可以增加一次。

对明显不构成轻伤、不需要伤情鉴定以及损毁财物价值不大，不需要进行价值认定的治安案件，应当在受理案件后的3个工作日内完成调解；对需要伤情鉴定或者价值认定的治安案件，应当在伤情鉴定文书和价值认定结论出具后的3个工作日内完成调解。

对一次调解不成，有必要再次调解的，应当在第一次调解后的7个工作日内完成。

第十条 治安调解达成协议的，在公安机关主持下制作《治安调解协议书》（式样附后），双方当事人应当在协议书上签名，并履行协议。

第十一条 《治安调解协议书》应当包括以下内容：

（一）治安调解机关名称，主持人、双方当事人和其他在场人员的基本情况；

（二）案件发生时间、地点、人员、起因、经过、情节、结果等情况；

（三）协议内容、履行期限和方式；

（四）治安调解机关印章、主持人、双方当事人及其他参加人签名、印章（捺指印）。

《治安调解协议书》一式三份，双方当事人各执一份，治安调解机关留存一份备查。

第十二条 调解协议履行期满三日内，办案民警应当了解协议履行情况。对已经履行调解协议的，应当及时结案，对没有履行协议的，应当及时了解情况，查清原因。对无正当理由不履行协议的，依法对违反治安管理行为人予以处罚，并告知当事人可以就民事争议依法向人民法院提起民事诉讼。

第十三条 治安调解案件的办案期限从未达成协议或者

达成协议不履行之日起开始计算。

第十四条 公安机关对情节轻微，事实清楚，因果关系明确、不涉及医疗费用、物品损失或者双方当事人对医疗费用和物品损失的赔付无争议，符合治安调解条件，双方当事人同意现场调解并当场履行的治安案件，可以进行现场调解。

现场调解达成协议的，应当制作《现场治安调解协议书》一式三联（式样附后），由双方当事人签名。

第十五条 经治安调解结案的治安案件应当纳入统计范围，并根据案卷装订要求建立卷宗。

现场治安调解结案的治安案件，可以不制作卷宗，但办案部门应当将《现场治安调解协议书》按编号装订存档。

第十六条 公安机关人民警察在治安调解过程中，有徇私舞弊、滥用职权、不依法履行法定职责等情形的，依法给予行政处分；构成犯罪的，依法追究刑事责任。

第十七条 本规范自下发之日起施行。

《公安机关办理伤害案件规定》

（公通字〔2005〕98号）

第一章　总　　则

第一条　为规范公安机关办理伤害案件，正确适用法律，确保案件合法、公正、及时处理，根据《中华人民共和国刑法》、《中华人民共和国刑事诉讼法》等法律法规，制定本规定。

第二条　本规定所称伤害案件是指伤害他人身体，依法应当由公安机关办理的案件。

第三条　公安机关办理伤害案件，应当遵循迅速调查取证，及时采取措施，规范准确鉴定，严格依法处理的原则。

第二章　管　　辖

第四条　轻伤以下的伤害案件由公安派出所管辖。

第五条　重伤及因伤害致人死亡的案件由公安机关刑事侦查部门管辖。

第六条　伤情不明、难以确定管辖的，由最先受理的部门先行办理，待伤情鉴定后，按第四条、第五条规定移交主管部门办理。

第七条 因管辖问题发生争议的，由共同的上级公安机关指定管辖。

第八条 被害人有证据证明的故意伤害（轻伤）案件，办案人员应当告知被害人可以直接向人民法院起诉。如果被害人要求公安机关处理的，公安机关应当受理。

第九条 人民法院直接受理的故意伤害（轻伤）案件，因证据不足，移送公安机关侦查的，公安机关应当受理。

第三章 前期处置

第十条 接到伤害案件报警后，接警部门应当根据案情，组织警力，立即赶赴现场。

第十一条 对正在发生的伤害案件，先期到达现场的民警应当做好以下处置工作：

（一）制止伤害行为；

（二）组织救治伤员；

（三）采取措施控制嫌疑人；

（四）及时登记在场人员姓名、单位、住址和联系方式，询问当事人和访问现场目击证人；

（五）保护现场；

（六）收集、固定证据。

第十二条 对已经发生的伤害案件，先期到达现场的民警应当做好以下处置工作：

（一）组织救治伤员；

（二）了解案件发生经过和伤情；

（三）及时登记在场人员姓名、单位、住址和联系方式，询问当事人和访问现场目击证人；

（四）追查嫌疑人；

（五）保护现场；

（六）收集、固定证据。

第四章　勘验、检查

第十三条　公安机关办理伤害案件，现场具备勘验、检查条件的，应当及时进行勘验、检查。

第十四条　伤害案件现场勘验、检查的任务是发现、固定、提取与伤害行为有关的痕迹、物证及其他信息，确定伤害状态，分析伤害过程，为查处伤害案件提供线索和证据。

办案单位对提取的痕迹、物证和致伤工具等应当妥善保管。

第十五条　公安机关对伤害案件现场进行勘验、检查不得少于二人。

勘验、检查现场时，应当邀请一至二名与案件无关的公民作见证人。

第十六条　勘验、检查伤害案件现场，应当制作现场勘验、检查笔录，绘制现场图，对现场情况和被伤害人的伤情进行照相，并将上述材料装订成卷宗。

第五章　鉴　　定

第十七条　公安机关办理伤害案件，应当对人身损伤程度和用作证据的痕迹、物证、致伤工具等进行检验、鉴定。

第十八条　公安机关受理伤害案件后，应当在24小时内开具伤情鉴定委托书，告知被害人到指定的鉴定机构进行伤情鉴定。

第十九条　根据国家有关部门颁布的人身伤情鉴定标准和被害人当时的伤情及医院诊断证明，具备即时进行伤情鉴定条件的，公安机关的鉴定机构应当在受委托之时起24小时内提出鉴定意见，并在3日内出具鉴定文书。

对伤情比较复杂，不具备即时进行鉴定条件的，应当在受委托之日起7日内提出鉴定意见并出具鉴定文书。

对影响组织、器官功能或者伤情复杂，一时难以进行鉴定的，待伤情稳定后及时提出鉴定意见，并出具鉴定文书。

第二十条 对人身伤情进行鉴定，应当由县级以上公安机关鉴定机构二名以上鉴定人负责实施。

伤情鉴定比较疑难，对鉴定意见可能发生争议或者鉴定委托主体有明确要求的，伤情鉴定应当由三名以上主检法医师或者四级以上法医官负责实施。

需要聘请其他具有专门知识的人员进行鉴定的，应当经县级以上公安机关负责人批准，制作《鉴定聘请书》，送达被聘请人。

第二十一条 对人身伤情鉴定意见有争议需要重新鉴定的，应当依照《中华人民共和国刑事诉讼法》的有关规定进行。

第二十二条 人身伤情鉴定文书格式和内容应当符合规范要求。鉴定文书中应当有被害人正面免冠照片及其人体需要鉴定的所有损伤部位的细目照片。对用作证据的鉴定意见，公安机关办案单位应当制作《鉴定意见通知书》，送达被害人和违法犯罪嫌疑人。

第六章　调查取证

第二十三条 询问被害人，应当重点问明伤害行为发生的时间，地点，原因，经过，伤害工具、方式、部位，伤情，嫌疑人情况等。

第二十四条 询问伤害行为人，应当重点问明实施伤害行为的时间，地点，原因，经过，致伤工具、方式、部位等具体情节。

多人参与的，还应当问明参与人员的情况，所持凶器，所处位置，实施伤害行为的先后顺序，致伤工具、方式、部位及预谋情况等。

第二十五条 询问目击证人，应当重点问明伤害行为发生的时间，地点，经过，双方当事人人数及各自所处位置、持有的凶器，实施伤害行为的先后顺序，致伤工具、方式、部位，衣着、体貌特征，目击证人所处位置及目击证人与双方当事人之间的关系等。

第二十六条 询问其他证人应当问清其听到、看到的与伤害行为有关的情况。

第二十七条 办理伤害案件，应当重点收集以下物证、书证：

（一）凶器、血衣以及能够证明伤害情况的其他物品；

（二）相关的医院诊断及病历资料；

（三）与案件有关的其他证据。

办案单位应当将证据保管责任落实到人，完善证据保管制度，建立证据保管室，妥善保管证据，避免因保管不善导致证据损毁、污染、丢失或者消磁，影响刑事诉讼和案件处理。

第七章 案件处理

第二十八条 被害人伤情构成轻伤、重伤或者死亡，需要追究犯罪嫌疑人刑事责任的，依照《中华人民共和国刑事诉讼法》的有关规定办理。

第二十九条 根据《中华人民共和国刑法》第十三条及《中华人民共和国刑事诉讼法》第十五条第一项规定，对故意伤害他人致轻伤，情节显著轻微、危害不大，不认为是犯罪的，以及被害人伤情达不到轻伤的，应当依法予以治安管理处罚。

第三十条 对于因民间纠纷引起的殴打他人或者故意伤害他人身体的行为，情节较轻尚不够刑事处罚，具有下列情形之一的，经双方当事人同意，公安机关可以依法调解处理：

（一）亲友、邻里或者同事之间因琐事发生纠纷，双方均有过错的；

（二）未成年人、在校学生殴打他人或者故意伤害他人身体的；

（三）行为人的侵害行为系由被害人事前的过错行为引起的；

（四）其他适用调解处理更易化解矛盾的。

第三十一条 有下列情形之一的，不得调解处理：

（一）雇凶伤害他人的；

（二）涉及黑社会性质组织的；

（三）寻衅滋事的；

（四）聚众斗殴的；

（五）累犯；

（六）多次伤害他人身体的；

（七）其他不宜调解处理的。

第三十二条 公安机关调解处理的伤害案件，除下列情形外，应当公开进行：

（一）涉及个人隐私的；

（二）行为人为未成年人的；

（三）行为人和被害人都要求不公开调解的。

第三十三条 公安机关进行调解处理时，应当遵循合法、公正、自愿、及时的原则，注重教育和疏导，化解矛盾。

第三十四条 当事人中有未成年人的，调解时未成年当事人的父母或者其他监护人应当在场。

第三十五条　对因邻里纠纷引起的伤害案件进行调解时，可以邀请当地居民委员会、村民委员会的人员或者双方当事人熟悉的人员参加。

第三十六条　调解原则上为一次，必要时可以增加一次。对明显不构成轻伤、不需要伤情鉴定的治安案件，应当在受理案件后的3个工作日内完成调解；对需要伤情鉴定的治安案件，应当在伤情鉴定文书出具后的3个工作日内完成调解。

对一次调解不成，有必要再次调解的，应当在第一次调解后的7个工作日内完成第二次调解。

第三十七条　调解必须履行以下手续：

（一）征得双方当事人同意；

（二）在公安机关的主持下制作调解书。

第三十八条　调解处理时，应当制作调解笔录。达成调解协议的，应当制作调解书。调解书应当由调解机关、调解主持人、双方当事人及其他参加人签名、盖章。调解书一式三份，双方当事人各一份，调解机关留存一份备查。

第三十九条　经调解当事人达成协议并履行的，不予处罚。经调解未达成协议或者达成协议后不履行的，公安机关应当对违反治安管理行为人依法予以处罚，并告知当事人可以就民事争议依法向人民法院提起民事诉讼。

第八章　卷　　宗

第四十条　公安机关办理伤害案件，应当严格按照办理刑事案件或者治安案件的要求，形成完整卷宗。

卷宗内的材料应当包括受案、立案文书，询问、讯问笔录，现场、伤情照片，检验、鉴定结论等证据材料，审批手续、处理意见等。

第四十一条　卷宗应当整齐规范，字迹工整。

第四十二条 犯罪嫌疑人被追究刑事责任的，侦查卷（正卷）移送检察机关，侦查工作卷（副卷）由公安机关保存。

侦查卷（正卷）内容应包括立案决定书，现场照片、现场图，现场勘查笔录，强制措施和侦查措施决定书、通知书、告知书，各种证据材料，起诉意见书等法律文书。

侦查工作卷（副卷）内容应包括各种呈请报告书、审批表，侦查、调查计划，对案件分析意见，起诉意见书草稿等文书材料。

第四十三条 伤害案件未办结的，卷宗由办案单位保存。

第四十四条 治安管理处罚或者调解处理的伤害案件，结案后卷宗交档案部门保存。

第九章 责任追究

第四十五条 违反本规定，造成案件难以审结、侵害当事人合法权益的，依照《公安机关人民警察执法过错责任追究规定》追究办案人员和主管领导的执法过错责任。

第十章 附 则

第四十六条 本规定所称以上、以下，包括本数。

第四十七条 本规定自2006年2月1日起施行。

《公安机关办理刑事案件程序规定》(选摘)

(中华人民共和国公安部令第127号)

第三百二十二条 下列公诉案件，犯罪嫌疑人真诚悔罪，通过向被害人赔偿损失、赔礼道歉等方式获得被害人谅解，被害人自愿和解的，经县级以上公安机关负责人批准，可以依法作为当事人和解的公诉案件办理：

（一）因民间纠纷引起，涉嫌刑法分则第四章、第五章规定的犯罪案件，可能判处三年有期徒刑以下刑罚的；

（二）除渎职犯罪以外的可能判处七年有期徒刑以下刑罚的过失犯罪案件。

犯罪嫌疑人在五年以内曾经故意犯罪的，不得作为当事人和解的公诉案件办理。

第三百二十三条 有下列情形之一的，不属于因民间纠纷引起的犯罪案件：

（一）雇凶伤害他人的；

（二）涉及黑社会性质组织犯罪的；

（三）涉及寻衅滋事的；

（四）涉及聚众斗殴的；

（五）多次故意伤害他人身体的；

（六）其他不宜和解的。

第三百二十四条 双方当事人和解的，公安机关应当审查案件事实是否清楚，被害人是否自愿和解，是否符合规定的条件。

公安机关审查时，应当听取双方当事人的意见，并记录在案；必要时，可以听取双方当事人亲属、当地居民委员会或者村民委员会人员以及其他了解案件情况的相关人员的意见。

第三百二十五条 达成和解的，公安机关应当主持制作和解协议书，并由双方当事人及其他参加人员签名。

当事人中有未成年人的，未成年当事人的法定代理人或者其他成年亲属应当在场。

第三百二十六条 和解协议书应当包括以下内容：

（一）案件的基本事实和主要证据；

（二）犯罪嫌疑人承认自己所犯罪行，对指控的犯罪事实没有异议，真诚悔罪；

（三）犯罪嫌疑人通过向被害人赔礼道歉、赔偿损失等方式获得被害人谅解；涉及赔偿损失的，应当写明赔偿的数额、方式等；提起附带民事诉讼的，由附带民事诉讼原告人撤回附带民事诉讼；

（四）被害人自愿和解，请求或者同意对犯罪嫌疑人依法从宽处罚。

和解协议应当及时履行。

第三百二十七条 对达成和解协议的案件，经县级以上公安机关负责人批准，公安机关将案件移送人民检察院审查起诉时，可以提出从宽处理的建议。

最高人民法院关于适用《中华人民共和国刑事诉讼法》的解释（选摘）

（法释〔2012〕21号）

第二十一章　当事人和解的公诉案件诉讼程序

第四百九十六条　对符合刑事诉讼法第二百七十七条规定的公诉案件，事实清楚、证据充分的，人民法院应当告知当事人可以自行和解；当事人提出申请的，人民法院可以主持双方当事人协商以达成和解。

根据案件情况，人民法院可以邀请人民调解员、辩护人、诉讼代理人、当事人亲友等参与促成双方当事人和解。

第四百九十七条　符合刑事诉讼法第二百七十七条规定的公诉案件，被害人死亡的，其近亲属可以与被告人和解。近亲属有多人的，达成和解协议，应当经处于同一继承顺序的所有近亲属同意。

被害人系无行为能力或限制行为能力人的，其法定代理人、近亲属可以代为和解。

第四百九十八条　被告人的近亲属经被告人同意，可以代为和解。

被告人系限制行为能力人的，其法定代理人可以代为和解。

被告人的法定代理人、近亲属依照前两款规定代为和解的，和解协议约定的赔礼道歉等事项，应由被告人本人履行。

第四百九十九条 对公安机关、人民检察院主持制作的和解协议书，当事人提出异议的，人民法院应审查。经审查，和解自愿、合法的，予以确认，无需重新制作和解协议书；和解不具有自愿性、合法性的，应认定无效。和解协议被认定无效后，双方当事人重新达成和解的，人民法院应当主持制作新的和解协议书。

第五百条 审判期间，双方当事人和解的，人民法院应当听取当事人及其法定代理人等有关人员的意见。双方当事人在庭外达成和解的，人民法院应当通知人民检察院，并听取其意见。经审查，和解自愿、合法的，应当主持制作和解协议书。

第五百零一条 和解协议书应包括以下内容：

（一）被告人承认自己所犯罪行，对犯罪事实没有异议，并真诚悔罪；

（二）被告人通过向被害人赔礼道歉、赔偿损失等方式获得被害人谅解；涉及赔偿损失的，应当写明赔偿的数额、方式等；提起附带民事诉讼的，由附带民事诉讼原告人撤回附带民事诉讼；

（三）被害人自愿和解，请求或者同意对被告人依法从宽处罚。

和解协议书应当由双方当事人和审判人员签名，但不加盖人民法院印章。

和解协议书一式三份，双方当事人各持一份，另一份交人民法院附卷备查。

对和解协议中的赔偿损失内容，双方当事人要求保密的，人民法院应当准许，并采取相应的保密措施。

第五百零二条 和解协议约定的赔偿损失内容，被告人应当在协议签署后即时履行。

和解协议已经全部履行，当事人反悔的，人民法院不予支持，但有证据证明和解违反自愿、合法原则的除外。

第五百零三条 双方当事人在侦查、审查起诉期间已经达成和解协议并全部履行，被害人或者其法定代理人、近亲属又提起附带民事诉讼的，法院不予受理，但有证据证明和解违反自愿、合法原则的除外。

第五百零四条 被害人或者其法定代理人、近亲属提起附带民事诉讼后，双方愿意和解，但被告人不能即时履行全部赔偿义务的，人民法院应当制作附带民事调解书。

第五百零五条 对达成和解协议的案件，人民法院应当对被告人从轻处罚；符合非监禁刑适用条件的，应当适用非监禁刑；判处法定最低刑仍然过重的，可以减轻处罚；综合全案认为犯罪情节轻微不需要判处刑罚的，可以免除刑事处罚。

共同犯罪案件，部分被告人与被害人达成和解协议的，可以依法对该部分被告人从宽处罚，但应注意全案的量刑平衡。

第五百零六条 达成和解协议的，裁判文书应当作出叙述，并援引刑事诉讼法的相关条文。

《人民检察院刑事诉讼规则（试行）》（选摘）

（高检发释字〔2012〕2号）

第五百一十条 下列公诉案件，双方当事人可以和解：

（一）因民间纠纷引起，涉嫌刑法分则第四章、第五章规定的犯罪案件，可能判处三年有期徒刑以下刑罚的；

（二）除渎职犯罪以外的可能判处七年有期徒刑以下刑罚的过失犯罪案件。

上述公诉案件应当同时符合下列条件：

（一）犯罪嫌疑人真诚悔罪，向被害人赔偿损失、赔礼道歉等；

（二）被害人明确表示对犯罪嫌疑人予以谅解；

（三）双方当事人自愿和解，符合有关法律规定；

（四）属于侵害特定被害人的故意犯罪或者有直接被害人的过失犯罪；

（五）案件事实清楚，证据确实、充分。

犯罪嫌疑人在五年以内曾经故意犯罪的，不适用本节规定的程序。

犯罪嫌疑人在犯刑事诉讼法第二百七十七条第一款规定的犯罪前五年内曾故意犯罪，无论该故意犯罪是否已经追究，均应当认定为前款规定的五年以内曾经故意犯罪。

第五百一十一条 被害人死亡的，其法定代理人、近亲属可以与犯罪嫌疑人和解。

被害人系无行为能力或者限制行为能力人的，其法定代理人可以代为和解。

第五百一十二条 犯罪嫌疑人系限制行为能力人的，其法定代理人可以代为和解。

犯罪嫌疑人在押的，经犯罪嫌疑人同意，其法定代理人、近亲属可以代为和解。

第五百一十三条 双方当事人可以就赔偿损失、赔礼道歉等民事责任事项进行和解，并且可以就被害人及其法定代理人或者近亲属是否要求或者同意公安机关、人民检察院、人民法院对犯罪嫌疑人依法从宽处理进行协商，但不得对案件的事实认定、证据采信、法律适用和定罪量刑等依法属于公安机关、人民检察院、人民法院职权范围的事宜进行协商。

第五百一十四条 双方当事人可以自行达成和解，也可以经人民调解委员会、村民委员会、居民委员会、当事人所在单位或者同事、亲友等组织或者个人调解后达成和解。

人民检察院对于本规则第五百一十条规定的公诉案件，可以建议当事人进行和解，并告知相应的权利义务，必要时可以提供法律咨询。

第五百一十五条 人民检察院应当对和解的自愿性、合法性进行审查，重点审查以下内容：

（一）双方当事人是否自愿和解；

（二）犯罪嫌疑人是否真诚悔罪，是否向被害人赔礼道歉，经济赔偿数额与其所造成的损害和赔偿能力是否相适应；

（三）被害人及其法定代理人或者近亲属是否明确表示对犯罪嫌疑人予以谅解；

（四）是否符合法律规定；

（五）是否损害国家、集体和社会公共利益或者他人的合法权益；

（六）是否符合社会公德。

审查时，应听取双方当事人和其他有关人员对和解的意见，告知刑事案件可能从宽处理的法律后果和双方的权利义务，并制作笔录附卷。

第五百一十六条 经审查认为双方自愿和解，内容合法，且符合本规则第五百一十条规定的范围和条件的，人民检察院应当主持制作和解协议书。

和解协议书的主要内容包括：

（一）双方当事人的基本情况；

（二）案件的主要事实；

（三）犯罪嫌疑人真诚悔罪，承认自己所犯罪行，对指控的犯罪没有异议，向被害人赔偿损失、赔礼道歉等；赔偿损失的，应当写明赔偿的数额、履行的方式、期限等；

（四）被害人及其法定代理人或者近亲属对犯罪嫌疑人予以谅解，并要求或者同意公安机关、人民检察院、人民法院对犯罪嫌疑人依法从宽处理。

和解协议书应当由双方当事人签字，可以写明和解协议书系在人民检察院主持下制作。检察人员不在当事人和解协议书上签字，也不加盖人民检察院印章。

和解协议书一式三份，双方当事人各持一份，另一份交人民检察院附卷备查。

第五百一十七条 和解协议书约定的赔偿损失内容，应当在双方签署协议后立即履行，至迟在人民检察院作出从宽处理决定前履行。确实难以一次性履行的，在被害人同意并提供有效担保的情况下，也可以分期履行。

第五百一十八条 双方当事人在侦查阶段达成和解协议，公安机关向人民检察院提出从宽处理建议的，人民检察院在审查逮捕和审查起诉时应当充分考虑公安机关的建议。

第五百一十九条 人民检察院对于公安机关提请批准逮捕的案件，双方当事人达成和解协议的，可以作为有无社会危险性或者社会危险性大小的因素予以考虑，经审查认为不需要逮捕的，可以作出不批准逮捕的决定；在审查起诉阶段可以依法变更强制措施。

第五百二十条 人民检察院对于公安机关移送审查起诉的案件，双方当事人达成和解协议的，可以作为是否需要判处刑罚或者免除刑罚的因素予以考虑，符合法律规定的不起诉条件的，可以决定不起诉。

对于依法应当提起公诉的，人民检察院可以向人民法院提出从宽处罚的量刑建议。

第五百二十一条 人民检察院拟对当事人达成和解的公诉案件作出不起诉决定的，应听取双方当事人对和解的意见，并且查明犯罪嫌疑人是否已经切实履行和解协议、不能即时履行的是否已经提供有效担保，将其作为是否决定不起诉的因素予以考虑。

当事人在不起诉决定作出之前反悔的，可以另行达成和解。不能另行达成和解的，人民检察院应当依法作出起诉或者不起诉决定。

当事人在不起诉决定作出之后反悔的，人民检察院不撤销原决定，但有证据证明和解违反自愿、合法原则的除外。

第五百二十二条 犯罪嫌疑人或者其亲友等以暴力、威胁、欺骗或者其他非法方法强迫、引诱被害人和解，或者在协议履行完毕之后威胁、报复被害人的，应认定和解协议无效。已经作出不批准逮捕或者不起诉决定的，人民检察院根据案件情况可以撤销原决定，对犯罪嫌疑人批准逮捕或者提起公诉。

上海市公安局、上海市司法局《关于治安案件委托人民调解的若干意见》

（沪公发〔2007〕225号）

第一章　指导思想、依据、适用范围

第一条　为充分发挥人民调解工作的独特优势和职能作用，做好公安行政调解与人民调解的衔接配合，实现治安案件处理的法律效果与社会效果的同意，根据《中华人民共和国治安管理处罚法》、《人民调解工作若干规定》、《公安机关办理行政案件程序规定》，结合本市工作实际，制定本意见。

第二条　本意见所称治安案件委托人民调解，是指公安派出所对于情节较轻的，因民间纠纷引起的打架斗殴或者损毁他人财物等违法治安管理行为，根据当事人申请委托人民调解委员会进行调解。

本意见所称的治安案件应符合以下条件：

（一）发生在社区或家庭内部成员之间；

（二）事实清楚，责任明确，赔偿证据充分；

（三）双方当事人均自愿接受人民调解。

第三条　有下列情形之一的，不应当委托人民调解：

（一）雇凶伤人、涉黑涉恶、寻衅滋事、聚众斗殴及其他恶性案件；

（二）行为人系惯犯，或系被判处管制、剥夺政治权利、宣告缓刑、裁定假释、暂于监外执行（含保外就医）的社会服刑人员；

（三）多次伤害他人身体或致多人轻微伤的；

（四）携带凶器伤害他人的；

（五）其他不能委托人民调解的。

第二章　基本原则

第四条　治安案件委托人民调解应当遵循自愿原则。

对委托人民调解的治安案件，需由双方当事人自愿提出申请。

第五条　人民调解委员会应当坚持公开、公平、公正的原则，依法、合理、合情地对受托的治安案件进行调解。

第六条　公安机关和司法行政机关应当对人民调解委员会开展的调解工作予以支持和指导。

人民调解组织调处纠纷过程中，如当事人矛盾激化，可能发生危机人身、财产安全情况时，可要求公安派出所参与调处，公安派出所接报后，应及时派人到现场参与调处。

第三章　管辖、期限

第七条　公安派出所应当委托所在街道（镇、乡）人民调解委员会进行调解。

第八条　调解和履行调解协议的期限合计不得超过30个工作日。

第四章　委托调解程序

第九条　公安派出所受理因民间纠纷引发的治安案件，应当在受理后，依据本意见规定审查是否委托人民调解。

符合委托人民调解条件的，应当告知双方当事人有申请人民调解的权利。

第十条 双方当事人愿意接受人民调解的，应当在被告知权利后 24 小时内向公安派出所提交《人民调解申请书》。

公安派出所应当在收到申请后及时将案件委托人民调解委员会。

第十一条 公安派出所应当向受委托的人民调解委员会移送以下材料：

（一）公安派出所《案件委托人民调解联系函》；

（二）《人民调解申请书》；

（三）报案人、被害人询问笔录复印件；

（四）加害人询问笔录复印件；

（五）证人询问笔录复印件；

（六）验伤单、司法鉴定意见书等证据材料复印件。

第十二条 人民调解委员会应当在规定的期限内完成调解工作，并在结案后 3 个工作日内将案件调处情况反馈公安派出所。

达成调解协议并履行的，人民调解委员会还应当将《人民调解协议书（副本）》和《人民调解协议履行情况记录》等材料移送公安派出所。

第十三条 达成调解协议并履行的，公安派出所对违反治安管理行为不予处罚。

未达成调解协议或者达成调解协议后不履行的，公安派出所对违法治安管理行为人给予处罚，并告知当事人可以就民事争议依法向人民法院提起民事诉讼。

第十四条 当事人向公安派出所提交《人民调解申请书》至人民调解委员会将案件调处情况反馈公安派出所期间，不计入公安派出所办理治安案件的期限。

第五章　其他规定

第十五条　本意见所称民间纠纷是指发生在公民与公民之间、公民与法人和其他社会组织之间涉及人身权利、财产权利的各种纠纷。如因婚姻、赡养、抚养、抚育、继承、债务、房屋宅基地、邻里、损害赔偿等引起的民间纠纷。

第十六条　本意见有市公安局、市司法局负责解释。

第十七条　本意见自下发之日起施行。

《关于当事人和解的公诉案件适用人民调解的若干规定》

（沪司规〔2014〕7号）

第一章　总　　则

第一条　（目的依据）为更好地贯彻落实宽严相济刑事政策，完善轻微刑事案件快速办理机制，及时办理当事人和解的公诉案件（以下简称刑事和解案件），有效化解矛盾纠纷，根据刑法、刑事诉讼法、人民调解法等法律、法规的规定，结合本市实际，制定本规定。

第二条　（适用范围）本市公安机关、人民检察院、人民法院（以下统称办案机关），将刑事和解案件移交人民调解委员会对有关赔偿等事项进行调解的，适用本规定。

第三条　（调解事项）人民调解委员会可以就刑事和解案件中赔偿损失、恢复原状、赔礼道歉、精神抚慰等民事责任事项进行调解，也可以就被害人是否要求或者同意办案机关对犯罪嫌疑人、被告人依法从宽处理进行调解。

人民调解委员会不得对案件的事实认定、证据采信、法律适用等依法属于办案机关职权范围的事项进行调解。

第四条　（部门职责）司法行政机关应当对人民调解委员会调解刑事和解案件给予指导。

办案机关应当对人民调解委员会调解刑事和解案件给予支持和帮助。

当事人达成和解的公诉案件，符合刑事案件速裁程序和轻微刑事案件快速办理机制适用条件的，办案机关应当按照有关规定办理。

第五条　（调解效力）达成调解协议的，办案机关应按照《刑事诉讼法》、相关司法解释等主持制作和解协议书。

人民调解协议书应当作为办案机关制作和解协议书的依据之一。

第二章　一般规定

第六条　（调解组织）办案机关可将刑事和解案件移交本机关所在地的区县或街道、乡镇的人民调解委员会进行调解。

第七条　（人民调解员）主持调解的人民调解员由人民调解委员会指派或者由当事人从人民调解员名册中选定。

人民调解员具有可能影响公正调解情形的，或当事人要求其回避的，人民调解员应当回避。

当事人可在调解程序的任何阶段以口头或者书面形式要求人民调解员回避。

第八条　（公正调解）人民调解员应当平等对待双方当事人，充分尊重当事人意思表达的权利，充分听取双方当事人的陈述；不得压制、阻碍当事人发表意见，不得偏袒一方当事人。

第九条　（调解保密）人民调解委员会及其人民调解员应当对国家秘密、当事人的商业秘密、个人隐私或者个人信息信息予以保密。

未经双方当事人同意，调解不得公开进行，也不得公开与调解有关的内容。

第三章 调解程序

第十条 （引导调解）办案机关经审查认为符合法律规定的和解条件，当事人双方尚未进行或者达成和解的，可以建议当事人选择通过人民调解的方式进行和解。

经双方当事人协商一致要求进行调解的，办案机关应当将双方要求转达人民调解委员会，并移交相关材料。

第十一条 （移交材料）办案机关应当向人民调解委员会移交以下材料：

（一）双方当事人的调解申请；

（二）反映案件事实的相关材料；

（三）其他必要材料。

第十二条 （事先告知）人民调解员在调解开始前应向当事人充分告知其权利义务以及达成调解协议的法律效果。

第十三条 （调解方式）人民调解员可以根据案件情况、当事人意愿等，采取合适的方式进行调解。

第十四条 （调解记录）人民调解员调解室，应当记录调解情况，调解记录应经人民调解员及参加调解的当事人签名或盖章。

第十五条 （调解协议）人民调解员应当根据公平自愿、合情合理的原则，协助当事人确定纠纷解决方案。

当事人经调解达成调解协议的，人民调解员应当制作调解协议书。调解协议书由双方当事人、人民调解员和人民调解委员会签名或盖章。

调解协议书由当事人各执一份，人民调解委员会留存一份，送交办案机关一份。

第十六条 （调解协议内容）调解协议书应当包括以下内容：

（一）事由。案件的基本事实。

（二）自愿和解的意思表示。双方当事人自愿达成和解。

（三）悔罪表现。犯罪嫌疑人、被告人承认自己所犯罪行，对指控的犯罪事实没有异议，真诚悔罪。

（四）和解内容。犯罪嫌疑人、被告人为获得被害人谅解，应当承当的赔礼道歉、恢复原状、精神抚慰、赔偿损失等责任方式。涉及财产给付的，应当写明给付的方式、数额、履行期限。

（五）谅解意愿。被害人及其法定代理人或近亲属表示谅解，请求或者同意对犯罪嫌疑人、被告人依法从宽处罚。

（六）违反调解协议的法律后果。

（七）其他有关事项。

财产给付一般应当在签署调解协议后立即履行；确实难以一次性履行的，在犯罪嫌疑人、被告人提供有效担保，并经被害人同意的，可以分期履行，但至迟应在签署和解协议书前全部履行完毕。

调解协议书的内容应当体现当事人的真实意思表示，不得强迫当事人接受调解协议。

第十七条　（调解协议履行）人民调解委员会应当督促当事人及时履行调解协议。

人民调解员应当书面记录当事人履行调解协议的情况，并由人民调解员及当事人签名或盖章，当事人拒绝履行或返回的，也应当记录在案。有书面材料的，人民调解员应当及时收集或复制。履行情况的相关材料应连同调解协议书一并送达办案机关。

第十八条　（期限）人民调解委员会应当按照与办案机关商定的期限，向办案机关反馈调解的结果。

第四章　附　　则

第十九条　（文书格式）本规定涉及的各种文书格式，由市司法局会同市公安局、市检察院和市高院统一制定。

第二十条　（自诉案件）自诉案件可以参照本规定办理。

第二十一条　（实施日期）本意见自印发之日起施行，《关于轻伤害案件委托人民调解的若干意见》（沪司法法制〔2006〕5号）同时废止。

上海市高级人民法院
上海市人民检察院
上海市公安局
上海市司法局
2014年9月24日

附件：

当事人和解的公诉案件适用人民调解文书格式

格式之一　　　　　　　　编号：________

当事人和解的公诉案件移交人民调解联系函

________人民调解委员会：

我（院、局）办理（受理/审理）________一案，案由：________，经征询当事人意见，现双方达成一致意见，请你委进行调解（详情见人民调解申请书）。根据《刑事诉讼法》及相关司法解释，我（院、局）经审查，现移交你委对该案进行调解。请你委在受理后及时主持调解活动，并在____年____月____日前反馈调解结果。

________（移交单位盖章）

____年____月____日

联系人（承办人）：________，联系电话：________

注：随函附送材料清单

格式之二　　　　　　　　编号：________

当事人和解的公诉案件调解结果反馈函

________：

对你（院、局）转来________案件（案由：________），我委经召集双方当事人（代理人）到场，在自愿、合法的原则下对该案进行了调解。现将调解结果反馈如下：

情况之一：调解成功，双方达成了调解协议（详见附件），请你院（局）结合协议履行情况做出处理。

情况之二：调解不成，随函将转来有关材料退回你（院、局）。

（人民调解委员会盖章）

____年____月____日

联系人（调解员）：________，联系电话：________

注：随函附送材料清单

格式之三　　　　　　　　编号：________

人民调解协议书

甲方当事人：________

代理人：

乙方当事人：________

代理人：

事由：

经调解，当事人自愿达成如下协议：

本协议一式____份，当事人、人民调解委员会、案件承办单位各持一份。

本人（双方当事人）已知悉该调解协议的法律后果，愿意遵守该调解协议约定事项。

甲方当事人：　　　　　　　　乙方当事人：

____年____月____日　　　　____年____月____日

人民调解员：________（人民调解委员会盖章）：

____年____月____日

格式之四

人民调解协议履行情况记录

甲方当事人：________

代理人：

乙方当事人：________

代理人：

履行具体内容（含履行时间、地点、方式等）：

甲方当事人：　　　　　　　　乙方当事人：

____年____月____日　　　　____年____月____日

人民调解员：________

____年____月____日

— 11 —

《上海市公安局调解处理治安案件规定》

（沪公通字〔2016〕84号）

第一章　总　　则

第一条　为了进一步规范本市公安机关调解处理治安案件工作，保护公民合法权益，根据《中华人民共和国治安管理处罚法》《公安机关办理行政案件程序规定》等有关法律、法规和规章规定，结合本市实际情况，制定本规定。

第二条　对于因民间纠纷引起的殴打他人、故意伤害、放任动物恐吓他人、侮辱、诽谤、诬告陷害、故意损毁财物、干扰他人正常生活、侵犯隐私等情节较轻的治安案件，具有下列情形之一的，经各方当事人同意或者要求，公安机关可以调解处理（此类治安案件以下简称“可调解治安案件”）：

（一）亲友、邻里、同事、在校学生之间因琐事发生纠纷引起的；

（二）行为人的侵害行为系由被侵害人事前的过错行为引起的；

（三）其他适用调解处理更易化解矛盾的。

第三条　具有下列情形之一的，不适用调解处理：

（一）雇凶殴打、伤害他人或者一次殴打、伤害多人的；

（二）寻衅滋事的；

（三）结伙或者持械违反治安管理的；

（四）殴打、伤害残疾人、孕妇、不满十四周岁的人或者六十周岁以上的人的；

（五）多次实施违反治安管理行为的；

（六）利用民间纠纷打击报复的；

（七）需要进行伤情鉴定，而被侵害人拒绝提供伤情诊断证明或者拒绝进行伤情鉴定的；

（八）当事人在调解过程中或者达成协议后，又重新挑起事端，故意制造新矛盾或者再次违反治安管理的；

（九）在公共场所发生打架斗殴等违反治安管理行为，影响恶劣的；

（十）其他不宜调解处理的情形。

第四条 公安机关调解处理治安案件必须遵循下列原则：

（一）合法、合理、合情原则；

（二）公开、公平、公正原则；

（三）疏导教育为主、批评指正为辅和防止矛盾激化原则；

（四）自愿原则；

（五）先调查、后调解原则。

第五条 公安机关调解处理治安案件应当公开进行，并可以组织群众旁听，但具有下列情形之一的除外：

（一）涉及国家秘密、商业秘密、个人隐私的；

（二）当事人中有未成年人或者盲、聋、哑、严重智障等残疾人的；

（三）当事人中有一方要求不公开调解的；

（四）公安机关认为不宜进行公开调解的其他情况。

第六条 民警在调解处理治安案件过程中，遇有下列情形之一的，应当回避；案件当事人或者其法定代理人也有权要求他们回避：

（一）是本案当事人或者当事人的近亲属的；

（二）本人或者其近亲属与本案有利害关系的；

（三）与本案当事人有其他关系，可能影响案件公正处理的。

民警的回避，由其所属的公安机关决定。

第七条 当事人中有不满十六周岁未成年人的，公安机关调解时应当通知其父母或者其他监护人到场，其父母或者其他监护人不能到场的，可以通知其所在学校教师到场。确实无法通知或者通知后未到场的，应当做好记录。

第八条 严禁在未经调查取证的情况下进行调解。

第九条 经公安机关调解达成协议的，各方当事人应当根据协议的约定当场履行或者在协议约定的期限内履行。履行期限一般不得超过十日，但确有特殊情况，且各方当事人均同意的除外。

除当场履行的以外，调解协议履行期限届满后三日内，办案民警应当了解协议履行情况，已经履行的，应当及时结案，尚未履行的，应当及时了解情况，查清原因。

第十条 经调解未达成协议或者达成协议后无正当理由不履行的，公安机关应当依法对违反治安管理行为人给予处罚，办案期限从调解未达成协议或者达成协议后不履行之日起开始计算。

第十一条 对于不构成违反治安管理行为的民间纠纷和其他不属于公安机关职责范围内的事项，公安机关应当告知当事人向人民法院、人民调解组织或者其他有关主管机关申请处理或者报案、投案。

对于不构成违反治安管理行为的民间纠纷，当事人坚持要求公安机关调解处理的，民警应当给予帮助，但不出具调解文书。

第二章 现场调解程序

第十二条 对于事实清楚、情节简单、责任明确的可调解治安案件，当事人同意或要求现场调解的，民警可以现场调解，但具有下列情形之一的除外：

（一）需要采取收缴、追缴措施或者进行伤情鉴定的；

（二）当事人中有不满十六周岁未成年人的，但其父母或者其他监护人在场的除外；

（三）当事人是聋哑人或者少数民族、外国人等需要翻译的人员的，但当事人出具书面声明表示不需要翻译即可以沟通的除外；

（四）其他不宜现场调解的情形。

第十三条 民警应当按照以下程序进行现场调解：

（一）现场调查取证，向当事人指明案件事实；

（二）充分听取当事人的陈述和申辩，当事人提出的事实、理由或者证据成立的，应当予以采纳；

（三）当事人对案件事实和适用法律无争议的，填写《治安案件现场调解协议书》并当场交付当事人签名确认；

（四）记录调解协议的履行情况。

第十四条 现场调解结案的，可以不制作卷宗，但应当将《治安案件现场调解协议书》存根联等有关材料留存备查。

第三章 一般调解程序

第十五条 公安机关对报案、控告、举报、群众扭送、违反治安管理行为人投案、其他行政主管部门或者司法机关移送的可调解治安案件，以及公安机关及其民警在日常执法执勤中发现的可调解治安案件，除现场调解的以外，都应当及时受理，在《受案登记表》上进行登记。

第十六条 公安机关对属于本单位管辖范围内的可调解治安案件，应当立即展开调查取证，查清案件的起因、经过、造成损害后果和其他相关情况。

第十七条 公安机关对涉及人身伤害的案件，应当在案件受理后八小时内开具《验伤通知单》，告知被伤害人在十二小时内到指定医疗机构验伤。必要时，公安机关可以派员陪同、看护被伤害人验伤。

被伤害人书面声明拒绝验伤的，公安机关可以根据已经认定的事实作出处理决定。被伤害人无正当理由逾期不到指定医疗机构验伤的，视为拒绝验伤。

第十八条 《验伤通知单》和其他卫生行政主管部门许可的医疗机构具有执业资格的医生出具的诊断证明，可以作为公安机关认定人身伤害程度的依据，但有下列情形之一的，应当由法医进行伤情鉴定：

（一）受伤程度较重，可能构成轻伤以上伤害程度的；

（二）当事人要求作伤情鉴定的；

（三）当事人对伤害程度有争议的；

（四）其他应当作伤情鉴定的情形。

前款所称的“医疗机构”，是指辖区内的二级以上医院，若辖区内没有二级以上医院，且到邻近辖区的二级以上医院路途较远或者交通不便的，公安机关可以结合案件的具体情况，将其他卫生行政主管部门许可的医疗机构具有执业资格的医生出具的诊断证明作为认定人身伤害程度的依据。

第十九条 涉案物品价值不明或者难以确定的，公安机关应当委托价格鉴定机构估价。

根据当事人提供的购买发票等证据能够认定涉案物品的价值的或者当事人对涉案物品的价值无争议的，公安机关可以不进行价格鉴定。

第二十条 经调查取证，案件事实清楚、证据确凿、责任清晰，且符合适用调解的条件，公安机关拟调解处理的，应当向当事人说明法律规定，在征得各方当事人同意的基础上进行调解。

第二十一条 一般调解的程序和要求：

（一）调解由民警主持，各方当事人参加，必要时可以邀请当事人所在单位、居（村）委干部或者其他与此案无关的群众参加，当事人委托代理人代表其参加调解的，须向公安机关提供由当事人本人签名并载明委托事项和权限的授权委托书；

（二）对当事人在调解过程中提供的证据，公安机关应当调查核实；

（三）主持调解的民警应当维护好现场秩序，对故意侮辱人格、现场哄闹等影响调解秩序的应当立即制止，直至责令其退出调解现场，构成违反治安管理行为的，依法追究其法律责任；

（四）调解治安案件应当制作《治安案件调解笔录》，记录各方当事人的要求、调解过程和结果等情况，未达成协议的，应当记录原因；

（五）经调解达成协议的，应当另行制作《治安案件调解协议书》，当事人各执一份，公安机关存档备查一份；有经济赔偿的，应当在履行后由被赔偿人出具收条，赔偿人执一份，公安机关存档备查一份。

第二十二条 调解一般为一次，必要时可以增加一次。

对明显不构成轻伤、不需要伤情鉴定以及损毁财物价值不大，不需要进行价值认定的治安案件，应当在受理案件后的3个工作日内完成调解；对需要伤情鉴定或者价值认定的治安案件，应当在伤情鉴定文书和价值认定结论出具后的3个工作日内完成调解。对一次调解不成，有必要再次调解的，应当在第一次调解后的7个工作日内完成。

法律、法规、规章对调解期限另有规定的，从其规定。

第二十三条 治安案件调解终结后，应当将《受案登记表》、调查材料、《治安案件调解笔录》、《治安案件调解协议书》等有关材料按照治安案件档案管理规范要求及时装订归档。

第四章　执法监督

第二十四条　在调解处理治安案件过程中，公安机关及其民警应当做到：

（一）不得徇私舞弊；

（二）不得超越职权或者滥用职权；

（三）不得泄露国家秘密、商业秘密和当事人的隐私；

（四）不得接受当事人和关系人的请吃和送礼。

第二十五条　在调解处理治安案件过程中，民警有下列情形之一的，应当承担相应的执法过错责任：

（一）不及时传唤有关违法嫌疑人，贻误时机，造成有关案件事实难以查清的；

（二）不认真履行调查取证职责，造成案件事实难以查清、相关证据无法获取，引发社会不安定因素的；

（三）未按调解程序和要求进行调解处理，造成被侵害人权益受到损害的；

（四）因民警主观原因，调解不当，造成矛盾激化甚至转化为恶性案（事）件的。

第二十六条　在调解处理治安案件过程中，有下列情形之一的，除应当追究民警的责任之外，还应当追究直接负责的主管领导的执法过错责任：

（一）对案件事实认定有明显错误，造成一定后果的；

（二）适用法律错误或者调解处理结果显失公正造成错案的；

（三）其他发生执法过错，影响恶劣、后果严重的情形。

第二十七条 各级监察、督察、法制等部门应当根据有关规定，分工配合，追究有关民警和主管领导的执法过错责任。

第五章 附 则

第二十八条 有条件的公安派出所，可以确定具有相关经验的民警专职从事治安调解工作。

第二十九条 经调解结案的治安案件应当纳入治安案件统计范围。

第三十条 执行本规定所需要的文书，由各单位根据市公安局统一制定的式样自行印制。

第三十一条 本市公安机关处理发生在社区或者家庭内部成员之间的治安案件，符合委托人民调解条件的，在调查取证后，可以按照《上海市公安局、上海市司法局关于治安案件委托人民调解的若干意见》（沪公发〔2007〕225号）委托人民调解委员会调解。

法律、法规、规章对治安案件调解另有规定的，从其规定。

第三十二条 本规定所指的公安机关主要包括各级治安部门和公安派出所。

第三十三条 本规定所称的以上包括本数。

第三十四条 本规定自下发之日起施行。市局以前制定的其他有关治安调解的规定与本规定不一致的，以本规定为准。

上海市公安局

2016年9月27日

参考文献

[1] 蔡国芹:《刑事调解制度研究》,中国人民公安大学出版社 2010 年版。

[2] [澳] 娜嘉·亚历山大:《全球调解趋势》,王福华等译,中国法制出版社 2011 年版。

[3] [英] 迈克尔·努尼:《法律调解之道》,杨利华、于丽英译,法律出版社 2006 年版。

[4] 姜小川:《调解实务教程》,中国法制出版社 2011 年版。

[5] 王正善:《说服心理与说服技巧》,科学出版社 2006 年版。

[6] 吴志明:《大调解——应对社会矛盾凸显的东方经验》,法律出版社 2010 年版。

[7] 熊桂桃:《浅谈治安调解的策略与艺术》,载《湖北警官学院学报》2009 年第 1 期。

[8] 谢俏洁:《关注社区矛盾新形态培育基层社会工作者队伍》,载《党政论坛》2009 年第 4 期。

[9] 瞿琨:《非诉讼纠纷解决机制的价值再分析与发展路径探讨——兼论社区调解制度的完善》,载《上海大学学报(社会科学版)》2007 年第 2 期。

[10] 陈宇:《论多元矛盾纠纷化解机制在社区的建构》,载《杭州(下旬刊)》2010 年第 5 期。

[11] 卜长莉:《当前中国城市社区矛盾冲突的新特点》,载《河北学刊》2009年第1期。

[12] 陈寒非、牟乃东:《“大调解”机制中法院的角色定位》,载《西南政法大学学报》2009年第6期。

[13] 李辉:《创新公安调解工作于构建“大调解”工作格局作用之探讨》,载《公安研究》2012年第6期。

[14] 余定猛:《论公安部门委托人民调解制度》,载《江苏警官学院学报》2012年第3期。

[15] 余定猛:《新加坡社区警务制度研究——兼论我国大城市社区警务制度建设》,载《上海公安高等专科学校学报》2013年第1期。

[16] 邓建辉:《刑事和解制度化研究》,华东政法大学2009年博士论文。

[17] 葛琳:《刑事和解研究》,中国人民公安大学出版社2008年版。

[18] 朱罗成:《论我国刑事调解制度的改革与完善》,海南大学2010年硕士论文。

[19] 陈祎:《论刑事和解的正当性及其适用范围和条件》,中国政法大学2010年硕士论文。

[20] 张洁:《刑事和解及其中国化构建》,中国政法大学2010年硕士论文。

[21] 昔永洙:《论治安调解法律效力的重塑》,延边大学2010年硕士论文。

[22] 洪冬英:《中国当代调解制度的变迁研究——以法院调解与人民调解为中心》,华东政法学院2007年博士论文。

[23] 杨鸾:《论我国大调解体系的完善》,载《法制与社会》2011年第13期。

[24] 民建中央:《完善大调解工作体系维护社会和谐稳定》,载《人民政协报》2012年4月9日第B04版。

［25］彭海青、庞华玲：《刑事诉讼法》，法律出版社 2015 年版。

［26］林振明、谢志强：《社区居民常见法律纠纷经典案例与专家解读》，中国经济出版社 2014 年版。

［27］马丽丽、傅君佳：《刑事诉讼法案例教程》，中国民主法制出版社 2016 年版。